中华经典导读

张子维 译注

论语
应该这样读

南京大学出版社

图书在版编目(CIP)数据

《论语》应该这样读 / 张子维译注.—南京:南

京大学出版社,2017.7

(中华经典导读)

ISBN 978 - 7 - 305 - 18362 - 1

Ⅰ.①论… Ⅱ.①张… Ⅲ.①儒家②《论语》–青少

年读物 Ⅳ.①B222.2 - 49

中国版本图书馆 CIP 数据核字(2017)第 059474 号

出版发行 南京大学出版社
社 址 南京市汉口路 22 号 邮 编 210093
出 版 人 金鑫荣

丛 书 名 中华经典导读
书 名 《论语》应该这样读
译 注 张子维
责任编辑 罗 凡 李鸿敏 编辑热线 025 - 83686029
照 排 南京紫藤制版印务中心
印 刷 江苏凤凰通达印刷有限公司
开 本 787×960 1/16 印张 22 字数 256 千
版 次 2017 年 7 月第 1 版 2017 年 7 月第 1 次印刷
ISBN 978 - 7 - 305 - 18362 - 1
定 价 55.00 元

网 址:http://www.njupco.com
官方微博:http://weibo.com/njupco
官方微信:njupress
销售咨询热线:(025)83594756

"冷"读《论语》

　　《论语》在中国历史上的地位无须细说。我觉得《论语》最神奇之处在于，一个人不论他年纪有多大，在哪里生活，做什么工作，都可以在《论语》中找到自己喜欢的、对自己有益的文字。这也许就是《论语》历经千年不衰的秘密之一。不仅如此，一部《论语》，字字珠玑，句句箴言，还可以抚慰人的心灵，不愧为中国人的"圣经"。

　　可见，作为中国人以及中国文化的爱好者，《论语》不可不读。

　　那么，我们该如何读《论语》呢？

　　笔者认为，《论语》需要"冷"读，也就是说要读《论语》的原文。

　　几千年来，大家都在读《论语》，每个时代的读法不一样，重点也不一样。加之现在的中国人最大的毛病就在于盲从，知识都是听来或看来的，面对《论语》，很多人只听宣讲而不读原著。当前，有很多讲《论语》的书，发行量很大，但这些讲《论语》的书，是不是在重点解析《论语》的原文，也许要打个问号。如果读者不读原文，唯读别人的解释，会有什么后果？鲁迅曾说，选本和摘句所显示的，往往并非作者的特色，倒是选者的眼光，可惜的是，选者大抵眼光如豆，抹杀了作者真相的居多，这才是一个"文人浩劫"。而我们现在是唯读解释和解释者的"摘句"，那就更是"浩劫"了。

　　这本书是"冷"读《论语》的最佳读本，原文、注释、译文、说解，读者想要的它都有，特别是说解，点评得恰到好处，多一分则"肥"，少

1

一分则"瘦"。不仅如此,读者在结合注释和翻译完整地阅读原文后,还可以阅读与之相关的精彩故事。

用一种轻松愉悦的方式了解儒家经典,并有实实在在的收获,这样的好书怎能轻易错过!

目 录

学而篇

【原文】

子①曰:"学而时②习③之,不亦说④乎? 有朋⑤自远方来,不亦乐乎? 人不知⑥而不愠⑦,不亦君子⑧乎?"

【注释】

① 子:古时候对有学问、有道德的男子的尊称,在本书中指孔子。

② 时:修饰"习"的副词,在一定或适当的时候。

③ 习:练习、温习。古书中还有实习、演习的意义。

④ 说(yuè):"悦"的古字,愉快。

⑤ 朋:志同道合的人。

⑥ 人不知:不被他人所理解。

⑦ 愠(yùn):怨恨,发怒。

⑧ 君子:道德上有修养的人。

【译文】

孔子说:"学习了(知识),然后按一定的时间去实习(温习)它,不也高兴吗? 有志同道合的人从远处(到这里)来,不也快乐吗? 人家不了解我,我却不怨恨,不也是君子吗?"

【原文】

有子①曰:"其为人也孝弟②,而好犯上者,鲜③矣;不好犯上,而好作乱者,未之有④也。君子务本⑤,本立而道⑥生。孝弟也者,其为仁之本⑦与⑧!"

【注释】

① 有子：孔子的学生，姓有，名若。《论语》中，对孔子的弟子一般都称字，只有对曾参和有若特称为"子"，有人因此认为《论语》是他们两人的弟子所编集的。

② 孝弟(tì)：孝，指奴隶社会时期子女对待父母的正确态度；弟，读音和意义同"悌"，指弟弟对待兄长的正确态度。封建时代也把孝悌作为维持社会制度和秩序的一种基本道德力量。

③ 鲜(xiǎn)：少。

④ 未之有："未有之"的倒装形式。古代汉语中否定句的宾词如果是代名词，一般放在动词之前。

⑤ 务本：务，专心、致力于。本，根本。

⑥ 道：指孔子提倡的仁道，简单说就是治国做人的基本原则。

⑦ 为仁之本：为，实行。仁既是孔子的核心思想，又是伦理道德准则。为仁之本，即把孝悌作为仁的根本。

⑧ 与：音读和字义同"欤"，感叹词。《论语》的"欤"字都写作"与"。

【译文】

有子说："为人孝顺父母、敬爱兄长，却喜欢触犯上级的，这种人是很少的；不喜好触犯上级却喜欢造反的，这种人从来没有过。君子专心致力于根本，根本树立了，'道'就会产生。孝顺父母、敬爱兄长就是实行'仁'的根本！"

【原文】

子曰："巧言令色①，鲜矣仁。"

3

【注释】

① 巧言令色:巧和令都是美好的意思。此处可以解释为装出和颜悦色的样子。

【译文】

孔子说:"花言巧语,装出和颜悦色的样子,这种人'仁德'是不会多的。"

【原文】

曾子①曰:"吾日三省②吾身。为人谋而不忠③乎?与朋友交而不信④乎?传⑤不习乎?"

【注释】

① 曾子:曾子姓曾,名参(shēn),是孔子的得意门生,以孝出名。据说《孝经》就是他撰写的。

② 三省(xǐng):三,泛指多次。省,自我检查,反省。

③ 忠:此处指对人应当尽心竭力。

④ 信:诚实。

⑤ 传(chuán):老师传授的知识。

【译文】

曾子说:"我每天多次反省自己:替别人办事是不是尽心竭力了呢?与朋友交往是不是诚实呢?老师传授的学业是不是复习了呢?"

【原文】

子曰:"道①千乘之国②,敬③事而信,节用而爱人④,使民以时⑤。"

【注释】

① 道：治理。

② 千乘（shèng）之国：乘，古代用四匹马拉的兵车。千乘之国，指拥有一千辆战车的国家，即诸侯国。春秋时代，国家的强弱都用车辆的数目来计算。在孔子的时代，千乘之国已经不是大国。

③ 敬：严肃慎重。

④ 爱人：此处的"人"不是泛指一切人群，而是专指士大夫以上各个阶层的人，它与下句的"民"相对。

⑤ 使民以时：古时候老百姓以农业为主，本句是说役使老百姓要不妨碍他们从事农业生产。

【译文】

孔子说："治理具有一千辆兵车的国家，就要严谨认真地对待工作，信实无欺，节约费用，爱护官吏，役使百姓要在农闲时间。"

【原文】

子曰："弟子①入②则孝，出③则弟，谨④而信，泛⑤爱众，而亲仁⑥，行⑦有余力，则以学文。"

【注释】

① 弟子：年纪幼小的人。

② 入：古代父子分别住在不同的居处，学习则在外舍。入是入父宫，指进到父亲住处，或说在家。

③ 出：与"入"相对而言，指外出拜师学习。出则弟，是说要用悌道对待师长。

④ 谨：寡言少语。

⑤ 泛(fàn)：广泛。

⑥ 仁：即仁人，有仁德之人。

⑦ 行：做到以上这些事。

【译文】

孔子说："弟子们在父母面前，就要孝顺父母；出门在外，要顺从师长；寡言少语，说则诚实可信；要广泛地去爱众人，亲近那些有仁德的人。这样躬行实践之后还有余力的话，就再去学习文献知识。"

【原文】

子夏①曰："贤贤②易色③；事父母，能竭其力；事君，能致④其身；与朋友交，言而有信。虽曰未学，吾必谓之学矣。"

【注释】

① 子夏：姓卜，名商，字子夏，孔子的学生。

② 贤贤：第一个"贤"字作动词用，尊重的意思。贤贤即尊重德行。

③ 易色：轻视容貌。"易"有交换、改变的意义，也有轻视、简慢的意义。

④ 致：献出。

【译文】

子夏说："对妻子敬重德行而不看重容貌，侍奉父母能够竭尽全力，服侍君主能够献出自己的生命，与朋友交往说话诚实守信。这样的人，虽然他自己说没有学习过，我一定说他已经学习过了。"

【原文】

　　子曰:"君子①不重②,则不威;学则不固。主忠信③。无友④不如己者。过⑤,则勿惮⑥改。"

【注释】

① 君子:这个词贯穿本章始终,这里应当有一个断句。

② 重:庄重。

③ 主忠信:以忠信为主。

④ 无:通"毋",不要。友,结交。

⑤ 过:过错。

⑥ 惮:害怕。

【译文】

　　孔子说:"君子,不庄重就没有威严,即使读书所学也不稳固。要以忠信为主,不要与不如自己的人交往。有了过错,就不要怕改正。"

【原文】

　　曾子曰:"慎终①,追远②,民德归厚矣。"

【注释】

① 慎终:慎重处理父母的丧事。

② 追远:追念远祖。

【译文】

　　曾子说:"谨慎地对待父母的去世,追念久远的祖先,自然会使得老百姓归于忠厚老实了。"

【原文】

子禽①问于子贡②曰:"夫子③至于是邦④也,必闻⑤其政,求之与?抑⑥与之与?"子贡曰:"夫子温、良、恭、俭、让以得之。夫子之求之也,其诸⑦异乎人之求之与?"

【注释】

① 子禽:姓陈名亢,字子禽。郑玄在为《论语》所做的注中说他是孔子的学生,但《史记·仲尼弟子列传》并没有记载他。

② 子贡:姓端木名赐,字子贡,卫国人,比孔子小 31 岁,是孔子的学生。子贡善辩,孔子认为他可以做大国的宰相。据《史记》记载,子贡在卫国当商人,家有财产千金,成了有名的商业家。

③ 夫子:这是古时候的一种敬称,凡是做过大夫的人都可以获得这一称谓。孔子曾担任过鲁国的司寇,所以他的学生们称他为"夫子"。后来,沿袭用它称呼老师。《论语》中所说的"夫子",都是孔子的学生对他的称呼。

④ 邦:指当时割据的诸侯国家。

⑤ 闻:知晓。

⑥ 抑:表示选择的文言连接词,有"还是"的意思。

⑦ 其诸:语气词,有"大概"、"或者"的意思。

【译文】

子禽问子贡说:"老师到了一个国家,总是知晓这个国家的政事。是他自己求得的呢,还是人家告诉他的呢?"子贡说:"老师凭借温和、善良、恭敬、俭朴、谦逊得知的。即使他特意打听,或许与别人的求法也不同吧?"

　　子曰:"父在,观其①志;父没,观其行;三年②无改于父之道③,可谓孝矣。"

【注释】

① 其:指儿子。

② 三年:可以理解成较长的时间,不一定指三年的时间。

③ 道:有时候是一般意义上的名词,无论好坏、善恶都可以叫作道。但更多时候是积极意义的名词,表示善的、好的东西。这里表"合理内容"的意思。

【译文】

　　孔子说:"当他父亲在世的时候(因为他无权独立行动),要观察他的志向;在他父亲死后,要考察他的行为;若是他对他父亲的合理部分长期不加改变,这样的人可以说是尽到孝了。"

【原文】

　　有子曰:"礼之用,和①为贵。先王②之道,斯③为美;小大由④之。有所不行,知和而和,不以礼节⑤之,亦不可行也。"

【注释】

① 和:和谐。

② 先王:前代君王。

③ 斯:此。

④ 由：遵循。

⑤ 节：制约、节制。

【译文】

有子说："礼的应用，以和谐为重。古代君主的治国方法，宝贵的地方就在这里，不论大事小事都按和谐的办法去做。但有的时候就行不通，（这是因为）为和谐而和谐，不以礼来节制，也是不可行的。"

> **【原文】**
>
> 有子曰："信近①于义②，言可复③也。恭近于礼，远④耻辱也。因⑤不失其亲，亦可宗⑥也。"

【注释】

① 近：接近、符合。

② 义：义是儒家的伦理范畴，是指思想和行为符合一定的标准，这个标准就是"礼"。

③ 复：实践。

④ 远：动词，被动用法，使之远离的意思。

⑤ 因：依靠、凭借。

⑥ 宗：效法。

【译文】

有子说："守信要符合义，这样说的话才能实行；恭敬要符合礼，这样才能远离耻辱；所依靠的不离开自己的亲人，也是能效法的。"

子曰："君子食无求饱,居无求安,敏于事而慎于言,就^①有道^②而正^③焉,可谓好学也已。"

【注释】

① 就:靠近、看齐。

② 有道:指有道德的人。

③ 正:匡正、端正。

【译文】

孔子说："有德之人,饮食不求饱足,居住不要求舒适,对工作勤劳敏捷,说话却小心谨慎,到有道的人那里去匡正自己,这样可以说是好学了。"

【原文】

子贡曰："贫而无谄,富而无骄,何如^①?"子曰："可也。未若^②贫而乐,富而好礼者也。"子贡曰："《诗》云:'如切如磋,如琢如磨^③',其斯之谓与?"子曰："赐^④也,始可与言《诗》已矣,告诸往而知来者^⑤。"

【注释】

① 何如:设问,意思是"怎么样"。

② 未若:不如。

③ 如切如磋,如琢如磨:这两句引自《诗经》。有两种解释:一种是说切磋琢磨分别指对骨、象牙、玉、石四种不同材料的加工,否则不能成器;一种是说加工象牙和骨,切了还要磋,加工玉石,琢了还

要磨,有精益求精之意。

④ 赐:子贡名,孔子对学生都称其名。

⑤ 告诸往而知来者:诸,之于;往,过去,指已知的东西;来者,未来的事,这里指未知的事。

【译文】

子贡说:"贫穷而能不谄媚,富有而能不骄傲自大,怎么样?"孔子说:"可以了。但是还不如虽贫穷却快乐,虽富裕而又喜好礼的。"子贡说:"《诗经》上说,'要像对待骨、象牙、玉、石一样,切磋它,琢磨它',就是讲的这个意思吧?"孔子说:"赐呀,我可以与你谈论《诗》了,你能从我已经讲过的话中领会到我还没有说到的意思,举一反三。"

【原文】

子曰:"不患①人之不己知②,患不知人也。"

【注释】

① 患:担忧。

② 不己知:不了解自己。

【译文】

孔子说:"不担心别人不了解自己,担心自己不了解别人。"

【故事】

季布一诺千金

秦朝末年到西汉初期有一个人叫季布,他为人特别讲信义。只要是答应过的事情,不管有多么困难,他一定会想方设法地办到。

有一次季布出外办事情，途中经过徐国，就前去拜见了徐国的国君。徐国国君觉得季布腰间的佩剑特别漂亮，非常美慕，但是碍于面子，没有张口索取。季布心里明白，但由于出使的礼节需要，季布就想办完事以后将宝剑赠予他。等季布把事情办完回到徐国时，徐国国君已经死了。季布心中悲痛，跑到徐君的墓前，解下宝剑，挂在墓旁的树枝上。

随从人员不解地问道："徐君已经死去，为什么你还把剑挂在这里呢？"

季布黯然道："在我心里，已经将宝剑许诺给他了，岂能因为他的去世而违背我的心愿呢？"随从心中十分佩服季布。

后来，"挂剑"、"悬剑"、"许剑"、"生死一剑"等词就意味着对亡友的许诺、追思和信义。

从此，季布重诺许剑的事便传开了。季布是楚地（大概是现在的湖北及其周边地区）人，在当地流传着这样的话："得黄金百两，不如得季布一诺。"大家都知道，季布诚信可靠，说话有信誉。

季布曾经是西楚霸王项羽的得力干将，是项羽手下最著名的五大将之一。他很会打仗，有好几次把刘邦打败，弄得刘邦非常狼狈。后来项羽因为兵败自杀，刘邦夺取了天下，当上了西汉王朝的开国皇帝。可是刘邦每每想起败在季布手下的事情，心里就很生气，于是他决定替自己出这口恶气，就下令缉拿季布：谁能将季布送到官府，就赏赐一千两黄金；胆敢窝藏者以灭三族之罪来论处。

当时情势紧急，季布躲藏在濮阳一个姓周的人家。周家人对季布说："朝廷现在悬赏捉拿你非常紧急，追踪搜查的就要到我家来了，将军您如果能够听从我的话，我才敢给你献出计策；如果不能的话，我情愿先自杀。"季布答应了。

周家便让他穿上粗布衣服，拿铁箍环住他的脖子，还剃掉了他的头发,将他和周家的几十个奴仆一同卖给鲁地一个姓朱的人家。朱家素以"任侠"闻名,早就欣赏季布的侠义行为,此时便将季布和那些奴仆一起买下来,让季布和他们一起在田里劳动作为掩护。不仅如此,朱家还准备去洛阳找汝阴侯夏侯婴帮忙解救季布,走前特意交代他儿子说:"田间耕作的事你要听这个佣人的,而且他的饮食要和你的一样。"然后便启程去洛阳拜见夏侯婴。

夏侯婴留朱家喝酒,席间,朱家佯装无意地问夏侯婴:"季布犯了什么大罪,皇上要这么急着抓他?"

夏侯婴说:"以前季布替项羽打仗,多次使皇上处境不利,所以皇上一定要抓到他来惩治。"

朱家说:"您看季布是一个怎样的人呢?"

夏侯婴说:"他是一个有才能的人。"

朱家说:"臣子听从主上差遣,为主上打击敌人,完全是分内的事,季布当年身为项羽的臣子,听从项羽的命令没什么过错。现在皇上刚刚夺得天下,如果仅凭个人情绪就去追捕一个人,实际上就是向天下人显示自己气量狭小。以季布的才能,如果被逼得走投无路,很可能会北逃到匈奴或是南逃到越地去,到时只会增加敌国的力量,而减损我朝的人才。您为什么不找机会向皇上说明这个道理呢?"

夏侯婴素闻朱家大侠之风,又听此言论,猜想季布应该藏身在他那里,便答应说:"好。"夏侯婴等待一个合适的机会,果然按照朱家的意思向皇上奏明。皇上听后觉得很有道理,于是就赦免了季布的罪行。

季布是侠义之士,能够由刚强变得柔顺,实在难得,这也获得了当时很多人的称赞。朱家冒死帮助季布,也出了名。季布后来被皇上刘邦召见,他表示服罪,刘邦也摒弃前怨,还任命他为中郎。

在汉朝惠帝的时候，季布担任了中郎，这个职位是一般武官所能获得的最高官职，掌管皇家卫队。当时汉朝与北边的邻国匈奴相处得并不好，匈奴王单于曾经写信侮辱吕后，信中的话特别难听。当时当政的是吕太后，她大为恼火，于是召集众位将领来商议这件事。

上将军樊哙主动请战，欲带领十万人马去扫平匈奴，众将领为迎合吕后都纷纷赞同樊哙。季布说："樊哙这人真该被斩！当年，高皇帝亲率四十万大军讨伐匈奴，尚且在平城被围；如今，樊哙有什么能力只用十万兵马就扫平匈奴呢？这根本就是当面撒谎！何况，秦王朝之所以被陈胜等人起兵造反，正是因为对匈奴用兵，如今前朝遗留的创伤还没痊愈，樊哙又为了阿谀逢迎就想要使天下再度动荡了。"听完季布的话，大臣将领都感到惊恐和不安，吕太后宣布退朝，之后也不再议论攻打匈奴的事了。

季布有个老乡叫曹丘生，能言善辩，爱结交权贵，季布一直很瞧不起他。季布平步青云后，曹丘生求皇亲窦长君给季布写信介绍自己。窦长君知道季布对他的看法，便劝他不要去见季布，免得自讨没趣。但在曹丘生的坚持下，窦长君只好写了一封推荐信，派人送给季布。季布见信果然不悦，准备狠狠教训曹丘生一顿。

没过多久，曹丘生便登门拜访季布，对季布一脸厌恶的表情毫不在意，行礼后慢条斯理地说："咱们楚地现在流传一句话，叫'得黄金百两，不如得季布一诺'。您有这么高的声誉，同为楚人的我愿到各处去宣扬您的好名声，有什么不好呢？您又何必对我怀有成见呢？"这番话合情合理，让季布改变了之前对曹丘生的看法，非但不再厌恶他，还热情款待他。

曹丘生走时，季布还送了很多礼物给他。曹丘生也的确说到做到，每到一地就大力宣传季布如何礼遇贤能、仗义疏财、济危扶困，让季布的好名声越传越广。人们一提到季布,就会把他与诚信联系在一起。

【评论】

"信"字在《学而》篇中出现了多次,在《论语》中更是出现了几十次,其含意大多是"诚实守信"。它是交往之道,是沟通人际关系、让人与人之间相互尊重、理解的精神枢纽。孔子把它视为与人交往的一条基本准则,强调一个人只有具备了"诚信"的品格,才能受到他人的尊重,要求"主忠信"、"与朋友交,言而有信"。

在故事中,季布因为自己讲信用赢得了别人的称赞,在自己遇到困难时也得到了别人的竭力帮助,进而让自己死里逃生。在为朝廷做事时,季布也勇于说出自己真实的想法,而不是违背良知地附和别人,这也是诚信的表现。

季布用诚信让自己在历史上留下了光辉的一笔,司马迁在《史记》中还为他写了传记。"得黄金百两,不如得季布一诺",就是现在"一诺千金"这个成语的由来。无论过去还是现在,人都是应该站在"信"字上的,诚实守信是我们为人的基本原则之一。

为政篇

【原文】

子曰:"为政以德^①,譬如北辰^②,居其所而众星共^③之。"

【注释】

① 为政以德:以,用的意思。本句是说统治者要用道德进行统治,即"德治"。

② 北辰:北极星。

③ 共:同"拱",环绕。

【译文】

孔子说:"用道德来治理国政,就会像北极星那样,自己居于一定的方位,而群星都会环绕在它的周围。"

【原文】

子曰:"诗三百^①,一言以蔽^②之,曰:'思无邪^③'。"

【注释】

① 诗三百:诗,指《诗经》,实有305篇,三百只是取整数。

② 蔽:概括。

③ 思无邪:《诗经·鲁颂》上的一句。无邪,纯正。

【译文】

孔子说:"《诗经》三百篇,可以用一句话来概括它,就是'思想纯正'。"

子曰："道①之以政，齐②之以刑，民免而无耻③；道之以德，齐之以礼，有耻且格④。"

【注释】

① 道：引导。

② 齐：规范、整治。

③ 耻：羞耻之心。

④ 格：亲近、服从。

【译文】

孔子说："用政令来引导，用刑法来约束，老百姓只是求得免于犯罪受惩，却失去了廉耻之心；用道德来引导，用礼制来整治，不仅百姓会有羞耻之心，人心也会归服。"

【原文】

子曰："吾十有①五而志于学，三十而立②，四十而不惑③，五十而知天命④，六十而耳顺⑤，七十而从心所欲，不逾矩。"

【注释】

① 有：同"又"。

② 立：自立，即确定了人生的目标。

③ 不惑：掌握了知识，不被外界事物所迷惑。

④ 天命：事物发展的根本规律。

⑤ 耳顺：指能正确对待各种言论。

⑥ 从心所欲不逾矩：从，同"纵"，放纵；逾，越过；矩，规矩。

【译文】

孔子说:"我十五岁立志于学习;三十岁能够自立;四十岁能不被外界事物所迷惑;五十岁懂得了天命;六十岁能正确对待各种言论;七十岁能随心所欲而不越出规矩。"

【原文】

孟懿子①问孝。子曰:"无违。"樊迟②御③,子告之曰:"孟孙④问孝于我,我对曰,'无违。'"樊迟曰:"何谓也。"子曰:"生,事之以礼;死,葬之以礼,祭之以礼。"

【注释】

① 孟懿子:鲁国大夫,姓仲孙,名何忌,"懿"是谥号。他父亲临终前要他向孔子学礼。

② 樊迟:姓樊名须,字子迟,孔子的弟子。

③ 御:为孔子驾车。

④ 孟孙:指孟懿子。

【译文】

孟懿子向孔子询问孝道,孔子说:"孝就是不要违背礼。"(后来)樊迟给孔子驾车,孔子告诉他:"孟孙问我什么是孝,我回答他说不要违背礼。"樊迟说:"不要违背礼是什么意思呢?"孔子说:"父母活着的时候,要按礼侍奉他们;父母去世后,要按礼埋葬他们、祭祀他们。"

【原文】

孟武伯①问孝。子曰:"父母唯其②疾之忧。"

① 孟武伯：孟懿子的儿子，名彘。武是他的谥号。

② 其：代名词，指子女。

【译文】

孟武伯向孔子请教孝道。孔子说："父母只为子女的疾病发愁。"

【原文】

子游①问孝。子曰："今之孝者，是谓能养。至于犬马，皆能有养；不敬，何以别乎？"

【注释】

① 子游：姓言，名偃，字子游，孔门弟子。

【译文】

子游问什么是孝，孔子说："如今所谓的孝，就是说能够赡养父母便行了。就是犬马也能够得到饲养，如果不存孝敬父母之心，那么赡养父母与饲养犬马又有什么区别呢？"

【原文】

子夏问孝。子曰："色难①。有事，弟子服其劳②；有酒食，先生③馔④，曾是以为孝乎？"

【注释】

① 色难：色，脸色。难，不容易。

② 服劳：服，从事、担负。服劳即服侍。

③ 先生：长辈。

④ 馔(zhuàn)：吃喝。

【译文】

子夏问什么是孝，孔子说："（当子女的要尽到孝），最不容易的就是对父母和颜悦色。仅仅是有了事情，儿女替父母去做，有了酒饭让父母吃，难道能认为这样就算是孝了吗？"

【原文】

子曰："吾与回①言终日，不违②，如愚。退而省③其私，亦足以发，回也不愚。"

【注释】

① 回：姓颜，名回，字子渊，孔子的得意门生。

② 不违：不提相反的意见和问题。

③ 省：考察。

【译文】

孔子说："我整天给颜回讲学，他从来不提反对意见和疑问，像个蠢人。等他退下之后，我考察他私下的言论，发现他对我所讲授的内容有所发挥，可见颜回其实并不蠢。"

【原文】

子曰："视其所以①，观其所由②，察其所安。人焉廋③哉？人焉廋哉？"

【注释】

① 以:作为。

② 由:途径,可译成经历。

③ 庾(sōu):隐藏。

【译文】

孔子说:"(要了解一个人),应看他的作为,观察他的经历,了解他所安乐之事,这样,这个人怎样能隐藏得了呢?这个人怎样能隐藏得了呢?"

【原文】

子曰:"温故而知新,可以为师矣。"

【译文】

孔子说:"在温习旧知识后,能有新体会、新发现,这就可以当老师了。"

【原文】

子曰:"君子不器①。"

【注释】

① 器:器具。器具都有专门的用途,喻指专门的人才、特定的才能。

【译文】

孔子说:"君子不像器具那样,(只有某一方面的用途)。"

【原文】

子贡问君子。子曰:"先行其言,而后从之。"

【译文】

子贡问怎样做一个君子。孔子说:"对于你要说的话,先做,然后再说出来。"

【原文】

子曰:"君子周①而不比②,小人比而不周。"

【注释】

① 周:是以当时所谓道义来团结群众。

② 比:勾结。

【译文】

孔子说:"君子团结群众而不是与人勾结,小人是与人勾结而不是团结群众。"

【原文】

子曰:"学而不思则罔①,思而不学则殆②。"

【注释】

① 罔:迷惑。

② 殆:危险。

孔子说:"只读书却不思考,就会迷惑而无所得;只是空想却不读书,就有(陷入邪说的)危险。"

【原文】

子曰:"攻^①乎异端^②,斯^③害也已^④。"

【注释】

① 攻:攻击。

② 异端:不正确的言论。

③ 斯:代名词,这。

④ 已:动词,止。

【译文】

孔子说:"批判那些不正确的议论,祸害就可以消灭了。"

【原文】

子曰:"由^①!诲女^②知之乎!知之为知之,不知为不知,是知也。"

【注释】

① 由:姓仲,名由,字子路。孔子的学生,长期追随孔子。

② 女:同"汝",你。

【译文】

孔子说:"由,教你对待知与不知的正确态度吧!知道就是知道,不知道就是不知道——这就是聪明智慧。"

　　子张①学干禄②。子曰:"多闻阙③疑,慎言其余,则寡尤④;多见阙殆,慎行其余,则寡悔。言寡尤,行寡悔,禄在其中矣。"

【注释】

①　子张:姓颛孙,名师,字子张,孔子的学生。

②　干禄:干,求也;禄,旧时官吏的俸给。

③　阙:放置在一旁。

④　寡尤:寡,少。尤,过错。

【译文】

　　子张要学谋取官职得到俸禄的办法。孔子说:"要多听,有怀疑的地方先放在一旁不说,其余有把握的,也要谨慎地说出来,这样就可以少犯错误;要多看,避开有怀疑的,其余有把握的,也要谨慎地去做,就能减少懊悔。说话少过失,做事少懊悔,官职俸禄就在这里了。"

【原文】

　　哀公①问曰:"何为则民服?"孔子对曰:"举直错诸枉②,则民服;举枉错诸直,则民不服。"

【注释】

①　哀公:姓姬,名蒋,哀是其谥号,鲁国国君。

②　举直错诸枉:举,选拔。直,正直公平。错,同"措",放置。

枉,不正直。

【译文】

鲁哀公问:"怎样才能使百姓服从呢?"孔子回答说:"把正直无私的人提拔起来,把邪恶不正的人置于一旁,老百姓就会服从了;把邪恶不正的人提拔起来,把正直无私的人置于一旁,老百姓就不会服从统治了。"

【原文】

季康子①问:"使民敬、忠以劝②,如之何?"子曰:"临③之以庄,则敬;孝慈,则忠;举善而教不能,则劝。"

【注释】

① 季康子:姓季孙,名肥,康是其谥号,鲁哀公时任正卿,是当时最有权势的人。

② 劝:勉励。这里是自勉努力的意思。

③ 临:对待。

【译文】

季康子问道:"要使老百姓对当政的人尊敬、尽忠而努力,该怎样去做呢?"孔子说:"你用庄重的态度对待老百姓,他们就会尊敬你;你孝顺父母、爱抚幼小,百姓就会尽忠于你;你选用善良的人,又教育能力差的人,百姓就会努力了。"

【原文】

或①谓孔子曰:"子奚②不为政?"子曰:"《书》③云:'孝乎惟孝,友于兄弟,施④于有政。'是亦为政,奚其为为政?"

【注释】

① 或:有人。

② 奚:为何。

③《书》:指《尚书》。

④ 施:推及。

【译文】

有人对孔子说:"你为什么不从事政治呢?"孔子回答说:"《尚书》上说:'孝啊,只有孝敬父母,友爱兄弟,再把这种品德影响到政治上。'这也是参与政治了啊,为什么要做官才能够算是从事政治呢?"

【原文】

子曰:"人而无信,不知其可也。大车无輗①,小车无軏②,其何以行之哉?"

【注释】

① 輗(ní):古代大车车辕前面横木上的木销子。大车指的是牛车。

② 軏(yuè):古代小车车辕前面横木上的木销子。没有輗和軏,车就不能走。

【译文】

孔子说:"一个人不讲信用,是根本不可以的。就好像大车没有輗、小车没有軏一样,它靠什么行走呢?"

【原文】

子张问："十世^①可知也？"子曰："殷因^②于夏礼，所损益^③，可知也；周因于殷礼，所损益，可知也。其或继周者，虽百世，可知也。"

【注释】

① 世：古时称三十年为一世。

② 因：因袭、沿用、继承。

③ 损益：减少和增加。

【译文】

子张问孔子："今后十世（的礼仪制度）可以预先知道吗？"孔子回答说："商朝继承了夏朝的礼仪制度，所减少和增加的内容是可以知道的；周朝又继承商朝的礼仪制度，所废除的和所增加的内容也是可以知道的。将来有继承周朝的，就是一百世以后的情况，也是可以预先知道的。"

【原文】

子曰："非其鬼^①而祭之，谄^②也。见义^③不为，无勇也。"

【注释】

① 鬼：有两种解释，一是指鬼神，二是指死去的祖先。这里泛指鬼神。

② 谄(chǎn)：谄媚。

③ 义：人应该做的事。

29

【译文】

孔子说:"不是你应该祭祀的鬼神,你却去祭它,这就是谄媚。见到应该挺身而出的事情,却袖手旁观,就是怯懦。"

【故事】

李密行孝不出仕

在蜀汉和西晋时期有一位文学家叫李密,他的一生虽然成就不大,但《晋书·孝友传》还是将他列在了第一位,称赞他孝顺恭谨。李密留传于后世的名作是《陈情表》("表"是古时候的一种文体,是臣属给君王的上书),它被后人称赞为"孝道的典范"。

李密是三国时期的蜀汉人,从小就特别喜欢学习,年轻时就拜当时有名的"蜀中孔子"谯周为师,谯周是著名的儒学大师和史学家,名著《三国志》的作者陈寿就是他的门徒。李密博览群书,尤其喜爱儒家的经典著作,在文学方面也很擅长。

三国鼎立的局面在公元263年被打破。这一年,蜀汉政权被曹魏政权所灭,后来司马炎于265年取代曹魏政权,建立了新政权,国号晋,定都洛阳,史称西晋。司马炎成为西晋的开国君主,即晋武帝。

汉王朝提倡"以孝治天下",这也影响了后来的统治者。晋武帝继承了汉朝以来"以孝治天下"的策略,大力提倡孝道,这样做的目的是显示自己的清正廉明,同时也用孝来维持君臣关系,维持社会的安定秩序。

李密因孝闻名,正因如此,他多次被朝廷要求出来做官,但是他一直以各种借口来推辞。李密喜爱儒家的著作,明白"学而优则仕"的道理,但为什么坚持不出来做官呢?大致有以下几个原因:

第一,李密确实有供养祖母刘氏的问题。

第二，李密是蜀汉旧臣，蜀汉被灭，李密也成了亡国之臣，自然有怀旧的思想，况且他认为汉主刘禅是一个能够有所作为的人物，对于晋灭蜀汉心里是有一些不服气的。

第三，做官不易，如履薄冰。皇帝高兴的时候，臣子为君王的心腹；皇帝不高兴的时候，臣子对君王来说就显得微不足道了，正所谓"伴君如伴虎"。晋王朝刚刚建立，李密对晋武帝没有什么了解，如果盲目地去做官，未来祸福难料，所以，李密不是不能出来做官，也不是不想做官，只是做官的时机还不合适。

泰始三年（267 年）晋武帝确立了太子，就下诏征李密做太子洗马（官名，是太子的侍从官）。李密再次推辞，然而朝廷的诏书多次下达，地方官员也奉旨频频催促李密赶紧就任。

在古代，一些名人在政权更迭之时常常被逼着表明自己的政治态度，而且还要积极地与统治者进行合作，如果不这样做就会被认为别有用心，有可能招来杀身之祸。

在晋王朝建立前后，掌权的司马氏用这样的理由杀了不少名士。对于自己的处境，颇有政治经验的李密怎会不知？为了防止统治者产生误会，他确实有必要郑重声明，自己并不是讲究名节不想出来做官，完全是因为自己的祖母需要照顾。《陈情表》就是在这样的背景下写的。

李密在《陈情表》中提到了自己的不幸：刚刚出生六个月，慈爱的父亲就不幸去世了。四岁那年，舅舅强行让母亲改嫁。祖母刘氏看到李密体弱多病，就担起了抚养的义务。李密的家族比较小，亲朋好友很少，缺少依靠。"形单影只"是他当时真实的写照。随着年龄的增长，李密的祖母也已经老了，而且多病。

李密非常清楚：自己如果没有祖母，是活不到今天的；而祖母如果没有他的照料，也无法度过她的余生。他们祖孙二人，相依为命，正是因为这种感情李密实在不忍心不赡养自己的祖母。

写《陈情表》的时候,李密四十四岁,祖母九十六岁,刘氏这样的高龄在古时候可说是奇迹了。李密饱读诗书,懂得"树欲静而风不止,子欲养而亲不待"的道理,他知道自己在祖母刘氏面前尽孝尽心的日子已经不多,因此在祖母还活着的时候,要努力尽一份孝心。

在《陈情表》的最后,李密说,希望陛下能怜爱体恤他的一颗至诚之心,满足一点小小的心愿,使祖母刘氏能够享尽天年。

李密在《陈情表》中强调了孝的必要和重要,但是这样又产生了一个问题:供养祖母是孝,但不听从君主的诏令,不出来做官,就是不忠。古人说:"忠孝不能两全。"为忠臣不得为孝子,为孝子不得为忠臣。李密很巧妙地解决了这个矛盾,即先尽孝,后尽忠。李密想等自己把祖母养老送终之后,再向君王尽忠,这样晋武帝也就无话可说了。

《陈情表》全文朴实无华,用语恳切,真情流露,感人至深。李密的表文呈到了朝廷,晋武帝看了以后,也被李密对祖母刘氏的一片孝心所感动,赞叹李密是一个名副其实的大孝子。晋武帝不但同意了暂时不让李密出来做官,还对李密进行了嘉奖。

在李密的精心照顾下,他的祖母得以以高寿离世。祖母去世以后,李密按照当时的礼节服丧,一切礼仪都完成以后才出来做官。李密做过温县的县令,他政令严明,政绩显著,刚正不阿,实实在在地为当地老百姓办了一些好事。

李密原本是希望到朝廷担任一些官职,以便施展自己的聪明才智,但是由于朝中没有人为自己推荐,最后他只做到了汉中太守,不到一年之后就辞官回家了。后因病去世,终年六十四岁。

李密生于乱世,一生没有大的作为,但他在《陈情表》中以数百字尽显孝子之心,即使现在读来仍令人感动万分,这已经足够伟大了。

【评论】

　　李密所著《陈情表》以一片至诚孝心感动千古。孝是子女对父母、长辈的一种善行和美德，是家庭中晚辈在处理与长辈的关系时，应该具有的道德品格和必须遵守的行为规范。"孝"作为传统儒家文化的核心内容之一，一直被看作伦理道德之本、行为规范之首，千百年来备受推崇。"百善孝为先"反映了中华民族极为重视孝道的传统观念与传统美德。

八佾篇

孔子谓季氏①,"八佾②舞于庭,是可忍也,孰不可忍也?"

【注释】

① 季氏:当时执掌鲁国大权的贵族季孙氏,即季平子。

② 八佾(yì):佾,行列的意思。古时一佾八人,八佾就是六十四人,《周礼》规定,只有周天子才可以使用八佾,诸侯为六佾,卿大夫为四佾,士用二佾。季氏是正卿,只能用四佾。

【译文】

孔子谈到季氏,说:"他用六十四人在自己的庭院中奏乐舞蹈,这样的事能够容忍,还有什么事情不能够容忍呢?"

【原文】

三家①者以《雍》彻②。子曰:"'相维辟公,天子穆穆'③,奚取于三家之堂④?"

【注释】

① 三家:当时执掌鲁国政权的孟孙氏、叔孙氏、季孙氏。

②《雍》:《诗经·周颂》中的一篇。古代天子祭宗庙完毕撤去祭品时,会唱这首诗歌。

③ 相维辟公,天子穆穆:《雍》诗中的两句。相,助。维,语助词,无意义。辟公,指诸侯。穆穆,庄严肃穆。

④ 堂:接客祭祖的地方。

【译文】

孟孙氏、叔孙氏、季孙氏三家在祭祖时也命乐工唱《雍》这篇诗歌来撤去祭品。孔子说:"《雍》上说:'诸侯恭敬地助祭,天子静穆地主祭。'怎么能把它用在三家的庙堂里呢?"

【原文】

子曰:"人而不仁,如礼何? 人而不仁,如乐何?"

【译文】

孔子说:"一个人没有仁德,他怎么能实行礼呢? 一个人没有仁德,他怎么能运用乐呢?"

【原文】

林放①问礼之本。子曰:"大哉问! 礼,与其奢也,宁俭;丧,与其易②也,宁戚③。"

【注释】

① 林放:鲁国人。

② 易:周到。

③ 戚:悲哀。

【译文】

林放问什么是礼的根本。孔子回答说:"你问的问题很重要! 一般的礼节仪式与其奢侈,不如节俭;就丧事而言,与其仪式上治办周备,不如内心真正哀伤。"

子曰:"夷狄①之有君,不如诸夏②之亡③也。"

【注释】

① 夷狄:泛指周边地区的少数民族。

② 诸夏:中原地区。

③ 亡:通"无"。

【译文】

孔子说:"偏远边地落后的蛮族有君主,还不如中原诸国没有君主。"

【原文】

季氏旅①于泰山,子谓冉有②曰:"女③弗能救④与?"对曰:"不能。"子曰:"呜呼!曾谓泰山不如林放乎?"

【注释】

① 旅:祭祀山的仪式。当时只有天子和诸侯才有祭祀境内名山大川的资格。

② 冉有:姓冉,名求,字子有,孔子的弟子,当时是季氏的家臣。

③ 女:通"汝",你。

④ 救:劝阻。

【译文】

季氏去祭祀泰山,孔子对冉有说:"你难道不能劝阻他吗?"冉有说:"不能。"孔子说:"唉!难道说泰山还不如林放知礼吗?"

【原文】

子曰："君子无所争,必也射①乎！揖②让而升,下而饮。其争也君子。"

【注释】

① 射:射箭,在古代射箭是集会、宴饮时必有的娱乐项目。

② 揖:作揖行礼。

【译文】

孔子说:"君子没有什么可与别人争的事情。如果有的话,那就是射箭比赛了。比赛时,先相互作揖谦让,然后上场。射完后,又相互作揖再退下来,然后登堂喝酒。这就是君子之争。"

【原文】

子夏问曰:"'巧笑倩兮,美目盼兮,素以为绚兮①。'何谓也?"子曰:"绘事后素②。"曰:"礼后乎?"子曰:"起予者商也③,始可与言《诗》已矣。"

【注释】

① 巧笑倩兮,美目盼兮,素以为绚兮:倩(qiàn),笑得好看。兮,语助词,相当于"啊"。盼:眼睛黑白分明。素,是指脸颊与美目。绚,是指笑倩盼动的情况。

② 绘事后素:绘事,是绘画之事。素,是缯或绢之类的丝织品,通常是白色,可以用来绘画,如后世画家所用的画纸。

③ 起予者商也:起,启发。予,我,孔子自指。商,子夏名商。

【译文】

　　子夏问孔子:"'笑容真好看啊,美丽的眼睛真是明亮啊,有这样美好的脸颊与美目,才有笑倩盼动之美。'这是什么意思呢?"孔子说:"这是说先有白绢后,才能有绘画之事。"子夏又问:"那么,是不是说礼也是产生在(仁义)以后呢?"孔子说:"商,你真是个对我有所启发的人,现在可以与你讨论《诗经》了。"

【原文】

　　子曰:"夏礼,吾能言之,杞①不足征②也;殷礼,吾能言之,宋③不足征也。文献④不足故也。足,则吾能征之矣。"

【注释】

　　① 杞:春秋时国名,是夏禹的后裔所建立的封国。

　　② 征:证明。

　　③ 宋:春秋时国名,是商汤的后裔所建立的封国。

　　④ 文献:文,指历史典籍;献,指贤人。

【译文】

　　孔子说:"夏朝的礼,我能说出来,(但是它的后代)杞国不足以证明我的话;殷朝的礼,我能说出来,(但它的后代)宋国不足以证明我的话。这都是文字资料和熟悉夏礼、殷礼的人不足的缘故。如果足够的话,我就可以得到证明了。"

【原文】

　　子曰:"禘①自既灌②而往③者,吾不欲观之矣。"

【注释】

① 禘(dì)：当时只有天子才可以举行的祭祀祖先的非常隆重的典礼。不过由于鲁国开国君主周公的特殊地位，以后鲁国之君也能够举行这样的典礼(因此孔子不想看)。

② 灌：禘礼中第一次献酒。

③ 而往：以下的礼仪节目。

【译文】

孔子说："对于行禘礼的仪式，从第一次献酒以后，我就不愿意看了。"

【原文】

或问禘之说①，子曰："不知也；知其说者之于天下也，其如示②诸斯乎！"指其掌。

【注释】

① 说：理论、规定。

② 示：通"视"，观看。

【译文】

有人问孔子关于举行禘祭的规定。孔子说："我不知道。知道这种规定的人看待天下，就如同看这里！"指着他的手掌。

【原文】

祭如在，祭神如神在。子曰："吾不与①祭，如不祭。"

① 与:参与。

【译文】

祭祀祖先就像祖先在世,祭神就像神存在。孔子说:"我如果不亲自参加祭祀,那就和没有举行祭祀一样。"

【原文】

王孙贾①问曰:"与其媚②于奥③,宁媚于灶④,何谓也?"子曰:"不然。获罪于天⑤,无所祷也。"

【注释】

① 王孙贾:卫灵公的大臣,是当时卫国有权势的人。

② 媚:谄媚、巴结、奉承。

③ 奥:这里指屋内位居西南角的神。

④ 灶:这里指灶旁的神。

⑤ 天:以天喻君,一说天即理。

【译文】

王孙贾问道:"(人家都说)与其奉承奥神,不如奉承灶神。这话是什么意思?"孔子说:"不是这样的。如果得罪了上天,那连祷告也没用了。"

【原文】

子曰:"周监①于二代②,郁郁③乎文④哉!吾从⑤周。"

【注释】

① 监：通"鉴"，借鉴。

② 二代：指夏朝和商朝。

③ 郁郁：丰富。

④ 文：典章制度。

⑤ 从：遵循。

【译文】

孔子说："周朝的礼仪制度借鉴于夏、商二代，是多么丰富多彩啊！我遵从周朝的制度。"

【原文】

子入大庙①，每事问。或曰："孰谓鄹②人之子知礼乎？入大庙，每事问。"子闻之，曰："是礼也。"

【注释】

① 大庙：祖宗的神庙，同"太庙"。此文指周公的庙。

② 鄹（zōu）：孔子的父亲曾经担任过鄹邑（在今山东曲阜附近）的大夫，孔子就出生在鄹邑，所以人们称他为"鄹人之子"。

【译文】

孔子到了太庙，每件事都要问。有人说："谁说此人懂得礼呀，他到了太庙里，什么事都要问别人。"孔子听到此话后说："这就是礼呀！"

【原文】

子曰："射不主皮①，为力不同科②，古之道也。"

【注释】

① 皮:皮做成的箭靶子。

② 科:等级。

【译文】

孔子说:"比赛射箭,不在于穿透靶子,因为各人的力气大小不同。自古以来就是这样。"

【原文】

子贡欲去告朔①之饩羊②。子曰:"赐也！尔爱③其羊,我爱其礼。"

【注释】

① 告朔:朔,农历每月初一为朔日。告朔,古代制度,天子每年秋冬之际,把第二年的历书颁发给诸侯,告知每个月的初一日。

② 饩(xì)羊:祭祀用的活羊。

③ 爱:爱惜。

【译文】

子贡提出去掉告朔时祭祖庙用的活羊。孔子说:"赐,你爱惜那只羊,我却爱惜那种礼。"

【原文】

子曰:"事君尽礼①,人以为谄也。"

【注释】

① 尽礼:礼数周全。

【译文】

孔子说:"我完全按照周礼的规定去侍奉君主,别人却以为这是谄媚呢!"

【原文】

定公①问:"君使臣,臣事君,如之何?"孔子对曰:"君使臣以礼,臣事君以忠。"

【注释】

① 定公:鲁国国君,姓姬,名宋,定是谥号。

【译文】

鲁定公问孔子:"君主怎样使唤臣下,臣子怎样侍奉君主呢?"孔子回答说:"君主应该按照礼的要求去使唤臣子,臣子应该以忠心侍奉君主。"

【原文】

子曰:"《关雎》①,乐而不淫②,哀而不伤。"

【注释】

①《关雎(jū)》:它是《诗经》的第一篇。

② 淫:放纵。

孔子说:"《关雎》这首诗,快乐而不放荡,忧愁而不哀伤。"

【原文】

　　哀公问社①于宰我,宰我②对曰:"夏后氏以松,殷人以柏,周人以栗,曰:使民战栗③。"子闻之,曰:"成事不说,遂事不谏,既往不咎。"

【注释】

① 社:指神庙中供奉的社主。

② 宰我:名予,字子我,孔子的学生。

③ 战栗:恐惧,发抖。

【译文】

　　鲁哀公问宰我,土地神的社主应该用什么木,宰我回答:"夏朝用松木,商朝用柏木,周朝用栗子木。用栗子木的意思是说:使老百姓战栗。"孔子听到后说:"已经做过的事不用提了,已经完成的事不用再去劝阻了,已经过去的事也不必再追究了。"

【原文】

　　子曰:"管仲①之器小哉!"或曰:"管仲俭乎?"曰:"管氏有三归②,官事不摄③,焉得俭?""然则管仲知礼乎?"曰:"邦君树塞门④,管氏亦树塞门。邦君为两君之好,有反坫⑤,管氏亦有反坫。管氏而知礼,孰不知礼?"

【注释】

① 管仲:姓管,名夷吾,齐国人。齐桓公的宰相,辅助齐桓公成为诸侯的霸主。

② 三归:相传是三处藏钱币的府库。

③ 摄:兼任。

④ 树塞门:树,树立。塞门,门前发挥遮蔽作用的墙壁。

⑤ 反坫(diàn):厅堂上用以放置器物的土台。

【译文】

孔子说:"管仲这个人的器量真是狭小呀!"有人问:"管仲节俭吗?"孔子说:"他有三处豪华的藏金府库,他家里的管事也是一人一职而不兼任,怎么谈得上节俭呢?"那人又问:"那么管仲知礼吗?"孔子回答:"国君大门口设立照壁,管仲在大门口也设立照壁。国君与别国国君举行会见时,在堂上有放空酒杯的设备,管仲也有这样的设备。如果说管仲知礼,那么还有谁不知礼呢?"

【原文】

　　子语①鲁大师②乐,曰:"乐其可知也:始作,翕③如也;从④之,纯⑤如也,皦⑥如也,绎⑦如也,以成。"

【注释】

① 语(yù):告诉。

② 大(tài)师:大师是乐官名。

③ 翕(xī):形容声音一齐奏响。

④ 从(zòng):展开。

⑤ 纯:美好、和谐。

⑥ 皦(jiǎo)：音节分明。

⑦ 绎：连续不断。

【译文】

孔子对鲁国乐官谈论演奏音乐的道理说："奏乐的道理是可以知道的：开始演奏，各种乐器合奏，声音热烈；继续展开下去，悠扬悦耳，音节分明，连续不断，最后完成。"

【原文】

仪封人①请见，曰："君子之至于斯也，吾未尝不得见也。"从者见之②。出曰："二三子何患于丧③乎？天下之无道也久矣，天将以夫子为木铎④。"

【注释】

① 仪封人：仪为地名，在今河南兰考县境内。封人，即镇守边疆的官。

② 从者见之：随行的人见了他。

③ 丧：失去，这里指失去官职。

④ 木铎：木舌的铜铃。古代天子发布政令时摇它以召集听众。

【译文】

仪这个地方的长官请求见孔子，他说："凡是君子到这里来，我从没有见不到的。"孔子的随从学生引他去见了孔子。他出来后（对孔子的学生们）说："你们几位何必为没有官位而发愁呢？天下无道已经很久了，上天将以孔夫子为圣人来号令天下。"

【原文】

子谓韶①："尽美②矣，又尽善③也。"谓武④："尽美矣，未尽善也。"

【注释】

① 韶：相传是古代歌颂虞舜的一种乐舞。

② 美：就乐曲的音调、舞蹈的形式而言。

③ 善：就乐舞的思想内容而言的。

④ 武：相传是歌颂周武王的一种乐舞。

【译文】

孔子讲到"韶"这一乐舞时说："艺术形式美极了，内容也很好。"谈到"武"这一乐舞时说："艺术形式很美，内容却差一些。"

【原文】

子曰："居上不宽①，为礼不敬，临②丧不哀，吾何以观之哉？"

【注释】

① 宽：宽宏大度。

② 临：参加。

【译文】

孔子说："居于执政地位的人，不能宽厚待人，行礼的时候不严肃，参加丧礼时也不悲哀，这种情况我怎么能看得下去呢？"

张良拜师礼仪显

张良是历史上非常有名的人物,他生活在秦朝末年、西汉初期。史书对他的身世交代得不是很清楚,大概可以知道他是韩国(战国时期七个强势诸侯国之一)人,祖父和父亲都是韩国的相国。由于地处中原,韩国被魏国、齐国、楚国和秦国包围,完全没有发展的空间,国土也是七国之中最小的一个,因此于公元前230年成为第一个被秦所灭的战国诸侯国。张良是韩国贵族,立志为国报仇,经过一番策划,他想刺杀秦始皇,但失败了,他本人也遭到秦王朝的逮捕。还好,张良幸运地逃脱了,躲到了下邳(在今江苏睢宁西北)这个地方。

张良在下邳人生地不熟,没有什么事情可以做。有一天,他经过一座小桥时,遇见了一位身穿粗布短衣的老人。这位老人看到张良过来,故意把一只鞋甩到了桥下,对张良说:"小伙子,下去帮我把鞋捡起来。"

张良出身豪门贵族,虽然现在落魄了,但以前什么时候做过这些服侍人的事呢?面对老人的举动,张良一开始很愤怒,很想揍他两拳。但张良受过良好的教育,懂得礼仪,知道要尊重老人、孝敬老人。他想:"这样一位老人怎么能够经得起一拳?算了吧,忍一忍,还是不要再惹事了。"于是张良跑到桥下,把老人的鞋子捡了回来。

当他把鞋子交给老人时,老人却毫不客气地把脚伸到张良面前,命令道:"替我把鞋子穿上。"张良心想:"已经忍着气下去帮他捡了上来,就服务到底吧!"他压住了心中的怒火,跪在老人面前,帮老人穿好鞋。

可是老人竟然连声"谢谢"都没有说,就笑着走了。张良十分吃惊:"世人还有这样的老人!"他望着老人离去的背影有些发呆。

老人大概走了一里多路又回来对张良说:"你是可以教诲的,将来一定有出息。在第五天天亮的时候,和我在这里见面。"

第五天,天刚亮,张良就来到了桥头。但老人已经先到了,看到张良来,他生气地说:"跟老人家约会,你却迟到,什么道理?"说完掉头就走了,还一边走一边说:"五天后早点来见面。"

过了五天,五鼓鸡鸣的时候,张良就起身前去,可是老人还是比他先到,又生气地说:"五天后,再早点来。"说完又走了。

这第三次,张良还没等到半夜,就提前去赴约。他到了没多久,老人就来了,看张良已经在桥上,很高兴地对他说:"就应该这样。"

老人从怀里取出一本书(当时的书是用竹简编成的),交给张良说:"你以后要用心好好研读它,这样将来可以做帝王的老师的。十年之后,形势一定会有变动。十三年后,你到济北来见我。你找到谷城山下的黄石,那就是我了。"老人交代完就走了,也没有和张良约下一次见面。

面对老人的举动,张良既惊又喜。他把书拿回去,等到天亮了一看,老人给的书是传说中的《太公兵法》。他兴奋激动,如饥似渴地研读起来。这个时期的张良努力修炼自己的功力,他在等待一个大展才能的机会。

这一等就是十年。十年之后,正是秦二世统治时期,当时的暴政引发了百姓的激烈反抗。陈胜等人起兵反秦,声势浩大,张良也聚集了一百多人积极回应。沛公刘邦率领几千人马,在下邳的西面攻占了一些地方,张良就归附于他,成了他的部属。张良经常向刘邦献计献策,计策都是从老人交给他的《太公兵法》中学到的。这些计策帮了沛公的大忙,刘邦认为张良的计谋很好,称他"运筹帷幄之中，决胜千里之外"。这一名句，也随着张良的机智谋划、文韬武略一起流传百世。刘邦当了皇帝以后，论功行赏，封张良为留侯。

张良功成名就，但是始终没有忘记那个给他《太公兵法》的老人。十三年之后，他跟从刘邦经过济北时，果然在谷城山下看见有块黄石，张良把它取回，并把这块黄石命名为"黄石公"，作为珍宝供奉起来，按时祭祀。张良死后，他的家属把这块黄石与他葬在了一起。

【评论】

给张良《太公兵法》的老人，行为举止非常奇怪，张良在面对考验时交出了合格的答卷。张良拜师的故事在司马迁的《史记》中有记载。对于张良的这段奇遇，很多人都觉得很神奇，连司马迁也觉得不可思议。虽然对这个故事有不同的解读，但是从张良的身上，能看到他对老者以礼相待的美德。张良的这种美德帮助了别人，也成就了自己。张良拜师最终演绎成一段历史佳话。

里仁篇

子曰:"里^①仁为美。择不处仁^②,焉得知^③?"

【注释】

① 里:居住。

② 不处仁:不与仁相处。

③ 焉得知:焉,怎么。知,同"智",明智。

【译文】

孔子说:"跟有仁德的人住在一起,才是好的。如果你选择的住处不是跟有仁德的人在一起,怎么能说你是明智的呢?"

【原文】

子曰:"不仁者,不可以久处约^①,不可以长处乐。仁者安仁,知者利仁。"

【注释】

① 约:穷困、困窘。

【译文】

孔子说:"没有仁德的人不能长久地处在贫困中,也不能长久地处在安乐中。有仁德的人安于仁,聪明的人实行仁。"

【原文】

子曰:"唯仁者能好^①人,能恶^②人。"

【注释】

① 好：喜爱。

② 恶：憎恶。

【译文】

孔子说："只有那些有仁德的人，才能喜爱某人、憎恶某人。"

【原文】

子曰："苟①志于仁矣，无恶也。"

【注释】

① 苟：如果。

【译文】

孔子说："如果立志于仁，就不会做坏事了。"

【原文】

子曰："富与贵，是人之所欲也，不以其道①得之，不处也；贫与贱，是人之所恶也，不以其道得之，不去也。君子去仁，恶②乎成名？君子无终食之间③违仁，造次④必于是，颠沛必于是。"

【注释】

① 其道：正当的手段。

② 恶：哪儿。

③ 终食之间：吃完一顿饭的时间，形容时间短。

④ 造次：仓促。

孔子说："富裕和显贵是人人都想要得到的，但不用正当的方法得到它，君子就不会去接受；贫穷与低贱是人人都厌恶的，但不用正当的方法抛掉它，君子就不摆脱。君子如果离开了仁德，又怎么能叫君子呢？君子任何时候都不会违背仁，匆忙时必定如此，颠沛时也必定如此。"

【原文】

子曰："我未见好仁者，恶不仁者。好仁者，无以尚①之；恶不仁者，其为仁矣，不使不仁者加乎其身。有能一日用其力于仁矣乎？我未见力不足者。盖②有之矣，我未之见也。"

【注释】

① 尚：超过。

② 盖：大概。

【译文】

孔子说："我没有见过爱好仁德的人，也没有见过厌恶不仁的人。爱好仁德的人，是无以复加了；厌恶不仁的人，在实行仁德的时候，不让不仁的东西加在自己身上。有一天里把自己的力量用在实行仁德上的吗？我还没有看见力量不够的。这种人可能还是有的，但我没见过。"

【原文】

子曰："人之过也，各于其党①。观过，斯知仁矣。"

【注释】

① 党：类别。

【译文】

孔子说："人们的错误，各属于一定的类别。观察过错，就知道仁不仁了。"

【原文】

子曰："朝闻道，夕死可矣。"

【译文】

孔子说："早晨得知了真理，就是晚上死去都值得了。"

【原文】

子曰："士志于道，而耻恶衣恶食者，未足与议也。"

【译文】

孔子说："读书人有志于真理，却又以自己吃穿得不好为耻辱，这种人是不值得与他谈论什么了。"

【原文】

子曰："君子之于天下也，无适①也，无莫②也，义③之与比④。"

【注释】

① 适：亲近、厚待。

② 莫:疏远、冷淡。

③ 义:适宜、妥当。

④ 比:亲近、靠近。

【译文】

孔子说:"君子对于天下事,没有固定的厚薄亲疏,只求按照道义去做。"

【原文】

子曰:"君子怀①德,小人怀土②;君子怀刑③,小人怀惠。"

【注释】

① 怀:怀念。

② 土:乡土。

③ 刑:法制惩罚。

【译文】

孔子说:"君子思念的是道德,小人思念的是乡土;君子关注法度,小人关注恩惠。"

【原文】

子曰:"放①于利而行,多怨。"

【注释】

① 放:同"仿",依据。

【译文】

孔子说:"依据个人利益而行动,会招致很多的怨恨。"

【原文】

子曰:"能以礼让为国乎,何有①? 不能以礼让为国,如礼何②?"

【注释】

① 何有:全意为"何难之有",即不难的意思。

② 如礼何:把礼怎么办?

【译文】

孔子说:"能够用礼让原则来治理国家,这还有什么困难的呢? 不能用礼让原则来治理国家,怎么能实行礼呢?"

【原文】

子曰:"不患无位①,患所以立②;不患莫己知③,求为可知也。"

【注释】

① 位:职位。

② 所以立:能够任职的才能。

③ 己知:"知己"的倒装,即了解自己。

【译文】

孔子说:"不担心没有职位,就怕自己没有学到赖以站得住脚的东西。不怕没有人知道自己,去追求足以使别人知道自己的本领就好了。"

【原文】

子曰:"参乎! 吾道一以贯之。"曾子曰:"唯。"子出,门人问曰:"何谓也?"曾子曰:"夫子之道,忠恕而已矣。"

【译文】

孔子说:"参啊! 我讲的道是由一个基本的思想贯彻始终的。"曾子说:"是。"孔子出去之后,别的学生便问曾子:"这是什么意思?"曾子说:"老师的道,就是忠恕罢了。"

【原文】

子曰:"君子喻^①于义,小人喻于利。"

【注释】

① 喻:明白、知晓。

【译文】

孔子说:"君子只知晓大义,小人只知晓小利。"

【原文】

子曰:"见贤思齐^①焉;见不贤而内自省也。"

【注释】

① 齐:等同。

【译文】

孔子说:"看见贤人要想着向他看齐,看见不贤的人要反省自己有没有跟他相似的毛病。"

【原文】

子曰:"事父母几①谏,见志不从,又敬不违,劳②而不怨。"

【注释】

① 几:轻微、婉转。

② 劳:忧愁。

【译文】

孔子说:"侍奉父母,对他们的过错应委婉地劝阻。如果见他们不愿意听从,仍然应该恭敬地侍奉他们,不得冒犯。虽然心里忧愁,也不能怨恨。"

【原文】

子曰:"父母在,不远游,游必有方①。"

【注释】

① 方:一定的去处。

【译文】

孔子说:"父母在世,不远离家乡;如果不得已要出远门,也必须有一定的去处。"

子曰:"三年^①无改于父之道^②,可谓孝矣。"

【注释】

① 三年:可以理解成较长的时间,不一定指三年的时间。

② 道:有时候是一般意义上的名词,无论好坏、善恶都可以叫作道。但更多时候是表积极意义的名词,表示善的、好的东西。这里表示"合理内容"的意思。

【译文】

孔子说:"若是对他父亲的合理作为长期尊重,这样的人可以说是尽到孝了。"

【原文】

子曰:"父母之年,不可不知^①也:一则以喜,一则以惧。"

【注释】

① 知:记住。

【译文】

孔子说:"父母的年纪,不可不知道,并要常常记在心里。一方面为他们的长寿而高兴,一方面又为他们的衰老而恐惧。"

【原文】

子曰:"古者言之不出,耻躬之不逮也^①。"

【注释】

① 躬:自身。逮:及、做到。

【译文】

孔子说:"古代人不轻易把话说出口,因为他们以自己做不到为耻啊!"

【原文】

子曰:"以约①失之者鲜矣。"

【注释】

① 约:节制、约束。

【译文】

孔子说:"因为节制约束自己而失误的人是很少的。"

【原文】

子曰:"君子欲讷①于言,而敏于行。"

【注释】

① 讷:迟钝,这里指说话要谨慎。

【译文】

孔子说:"君子说话要谨慎,而行动要敏捷。"

子曰:"德不孤,必有邻。"

【译文】

孔子说:"有道德的人是不会孤立的,一定有志同道合的人与他相处。"

【原文】

子游曰:"事君数①,斯②辱矣;朋友数,斯疏矣。"

【注释】

① 数(shuò):屡次、多次,引申为烦琐的意思。

② 斯:就。

【译文】

子游说:"侍奉君主太过烦琐,就会受到侮辱;对待朋友太烦琐,就会被疏远了。"

【故事】

介子推重义轻利留美名

在清明节的前两日,有一个节日叫寒食节,这个节日与一个历史人物介子推有关。

春秋时期,有一个诸侯国叫晋国,当时的国君是晋献公,他特别喜爱自己的一位妃子骊姬,于是就想要废掉已立的太子申生,而改立骊姬的孩子奚齐为太子。申生是一位有仁德的君子，颇有长者之风，非常受国人的爱戴。废掉申生改立奚齐，这在当时的晋国引发了一些纷争。

骊姬为了让自己的孩子成为太子，就想方设法陷害申生，于是晋献公招几位公子问罪，申生有口难辩，最终被迫自杀。晋献公的另外两个儿子重耳、夷吾听说骊姬又要陷害他们，便不辞而别，悄悄地返回封地，后来形势急迫，又被迫逃往国外。

晋献公快死的时候，想把国君之位传给公子奚齐，而且还要尊骊姬为国母。国内很多人反对晋献公的决定。晋献公死后不久，里克、邳郑父等人就聚众作乱，杀死了奚齐。在里克心中，能够继承王位的，重耳是除申生外的第二人选，于是他派遣狐突与重耳相见，想让他回国即位。

但是重耳早已被这些年的腥风血雨吓得畏首畏尾，他甚至怀疑里克的所作所为是一个圈套，认为回国危险，保命第一！里克的好意并没有得到重耳的理解。这个时候秦穆公也紧盯着晋国政局，试图插手，派人联络重耳、夷吾，希望帮助重耳为君，重耳同样谢绝了秦穆公。在这种情况下，重耳同父异母的兄弟公子夷吾成了能够继承王位的人选，在内有里克为主、外有秦嬴为援的条件下，他顺利回国即位，史称晋惠公。

晋惠公即位后，怕重耳的仁德威望威胁到自己的王位，便派人追杀他，重耳不得不到处逃亡躲避。跟随他的人中有一个叫介子推的，忠心耿耿，无论遭遇多么困苦的状况都坚定不移。有一年，重耳逃到了卫国，一个叫里凫须的随从偷光了他的资粮，逃入了深山。重耳非常饥饿，不得已向农夫乞讨，结果不但没有要来吃的，反而被农夫戏谑了一番。

重耳饿得几乎晕倒，为了让重耳活命，介子推忍着剧痛偷偷从自己的腿上割下一块肉，与采摘来的野菜一起煮成汤给重耳喝。重耳填饱肚子后知道吃的是介子推腿上的肉时，备受感动，声称有朝一日当了君王，一定要好好报答介子推。

晋惠公死后，他的儿子公子圉继承王位，他就是晋怀公。晋怀公的残暴统治遭到了国人的一致反对。在秦穆公的支持下，重耳回国，被众人拥立为君，是为晋文公。

十九年的逃亡生涯结束后，重耳由逃亡者变成了晋文公。晋文公当政时文治武功，昭明后世，显达千秋，他与齐桓公并称"齐桓晋文"，晋国长达百年的霸业从此开始。

晋文公决定赏赐跟从他一起逃亡的人。对此，介子推没有像别人一样主动请赏，还谦虚地说："晋献公有九个儿子，现在只有国君在世了。这是上天不肯断绝晋国的后嗣，才留下国君主持晋国国政。这其实是上天立他为君，而不是那些请功的人。他们视自己为功臣，不是欺世盗名吗？偷窃别人财物的人被叫作小偷，窃取上天功劳的人算什么？这样的罪过居然还能被人赞美、受到奖励，我实难和他们再相处了。"

他的母亲说："你为什么不和别人一样也去请求爵位俸禄？"

介子推回答说："明知是错还效仿，罪过更重。而且我说过，不吃国君的俸禄。"

他的母亲说："能不能让国君知道这件事？"

介子推回答说："言词不过是身上的装饰品。我现在连自己的身体都要隐藏了，为什么还要用言词去装饰它？"

他的母亲说："那我和你一起隐居吧！"

介子推不愿意接受赏赐，写诗言志："有龙于飞，周遍天下。五蛇从之，为之丞辅，龙反其乡，得其处所，四蛇从之，得其露雨，一蛇羞之，死于中野。"

在诗中,介子推把自己比作那一条不愿随龙返乡的蛇。邻居解张了解介子推的事迹,为他鸣不平,就在夜里写了一封书信,挂到城门上。晋文公看到后,回想起介子推当年割肉让自己充饥的经历,非常后悔和内疚。他赶紧派人召介子推前来受赏,这才知道介子推已经到绵山隐居了。

晋文公亲自带人到绵山去寻找介子推。可是绵山蜿蜒数十里,重峦叠嶂,谷深林密,找一个人谈何容易。情急之下,晋文公竟然采纳了一个令他遗憾终生的建议:命人三面举火,只留下一个出口,逼迫介子推出山。大火整整烧了三天,但是介子推依然没有出来。后来有人在一棵枯柳树下发现了他们母子的尸骨。

晋文公悲痛万分,将一段烧焦的柳木带回宫中,制成一双木屐,每天望着它叹道:"悲哉足下!"晋文公命人把介子推葬在绵山,并改绵山为介山,以警戒自己的过错。把一个山岗定为介子推名义上的封地——介公岭,将介子推母子隐居的岩洞改建成介公祠,并立"介庙"于绵山脚下柏沟村南的柏树林之中,将定阳县改名为介休县。

与此同时,晋文公还下令一个月内全国禁生烟火,只准吃冷食,以此来惩罚自己火烧绵山的过失。这就是"寒食节"的起源。在中国历史上,只有两个人得到以节日被铭记的殊荣:一个是屈原,一个是介子推。

直到现在,绵山当地人还有寒食节做冷食的习惯。在这天,人们会带着冷食,折上一把杨柳的枝条,一家人相互帮扶,沿着当年介子推上山的道路来到介公岭,把柳枝圈成柳帽戴在头上,再插一些在介公墓上,以表达对介子推的缅怀之情。

【评论】

晋献公家国之事处理得混乱不堪,重耳是振兴晋国的希望,介子推的行为是他笃信"爱晋国需爱重耳"的自然表露。介子推鄙弃功名利禄,痛恨奸伪欺罔,为君割股,正是中华民族淳厚尚俭、信实礼让的传统美德的表现。虽然介子推的言行有些迂腐愚昧的成分,但是,他"舍身赴义"的高尚品格和坚贞的节操,已经成为中国传统观念中"大丈夫精神"的渊源之一。

公冶长篇

子谓公冶长①,"可妻也。虽在缧绁②之中,非其罪也",以其子③妻之。

【注释】

① 公冶长:姓公冶名长,孔子的弟子。

② 缧(léi)绁(xiè):捆绑犯人用的绳索,这里指牢狱。

③ 子:女子,此指女儿。

【译文】

孔子谈到公冶长,说:"可以把女儿嫁给他,他虽然被关在牢狱里,但这并不是他的罪过。"于是,孔子就把自己的女儿嫁给了他。

【原文】

子谓南容①,"邦有道,不废;邦无道,免于刑戮"。以其兄②之子妻之。

【注释】

① 南容:姓南宫字子容,孔子的学生。

② 兄:孔子的异母兄长孟皮,可能这时他已经去世,所以孔子为他女儿主婚。

【译文】

孔子谈到南容,说:"国家有道时(总有官做),他不被废弃;国家无道时,他也可以免去刑戮。"于是把自己的侄女嫁给了他。

【原文】

子谓子贱①,"君子哉若人！鲁无君子者,斯焉取斯②?"

【注释】

① 子贱:鲁国人。

② 斯焉取斯:第一个"斯"字指子贱,第二个"斯"字指子贱的品德。焉,哪里。

【译文】

孔子谈到子贱,说:"这个人真是个君子呀！如果鲁国没有君子的话,他是从哪里学到这种品德的呢?"

【原文】

子贡问曰:"赐也何如?"子曰:"女,器也。"曰:"何器也?"曰:"瑚琏①也。"

【注释】

① 瑚琏:古代祭祀时盛粮食用的器具(是相当尊贵的)。

【译文】

子贡问孔子:"我这个人怎么样?"孔子说:"你呀,好比一个器具。"子贡又问:"是什么器具呢?"孔子说:"是瑚琏。"

【原文】

或曰:"雍①也仁而不佞②。"子曰:"焉用佞?御③人以口给④,屡憎于人。不知其仁,焉用佞?"

【注释】

① 雍：姓冉名雍，字仲弓，孔子的学生。

② 佞（nìng）：能言善辩，有口才。

③ 御：对付。

④ 口给：口词敏捷。

【译文】

有人说："冉雍这个人有仁德但不善辩。"孔子说："何必要能言善辩呢？靠伶牙俐齿和人辩论，常常招致别人的讨厌，这样的人我不知道他是否称得上有仁德，但何必要能言善辩呢？"

【原文】

子使漆雕开①仕。对曰："吾斯之未能信。"子说②。

【注释】

① 漆雕开：姓漆雕名开，字子开，孔子的门徒。

② 说：通"悦"，高兴。

【译文】

孔子让漆雕开去做官。漆雕开回答说："我对做官这件事还没有信心。"孔子听了很高兴。

【原文】

子曰："道不行，乘桴①浮于海，从②我者，其由与！"子路闻之喜。子曰："由也，好勇过我，无所取材。"

【注释】

① 桴(fú)：用竹木扎成的排筏，大的叫筏，小的叫桴。

② 从：跟随。

【译文】

孔子说："如果我的主张行不通，我就乘上木筏子到海外去。能跟从我的大概只有仲由吧！"子路听到这话很高兴。孔子说："仲由啊，勇敢超过了我，其他没有什么可取的才能。"

【原文】

　　孟武伯问子路仁乎？子曰："不知也。"又问。子曰："由也，千乘之国，可使治其赋①也，不知其仁也。""求也何如？"子曰："求也，千室之邑②，百乘之家③，可使为之宰④也，不知其仁也。""赤⑤也何如？"子曰："赤也，束带⑥立于朝，可使与宾客言也，不知其仁也。"

【注释】

① 赋：兵赋，向居民征收的军事费用。这里也包括军政工作。

② 千室之邑：邑是古代居民的聚居点，相当于后来的城镇。千室之邑即有一千户人家的大邑。

③ 百乘之家：指卿大夫的采地，当时大夫有车百乘，是采地中的较大者。

④ 宰：家臣、总管。古代一县之长也叫"宰"。

⑤ 赤：姓公西名赤，字子华，孔子的学生。

⑥ 束带：穿戴好礼服。

【译文】

孟武伯问孔子："子路做到了仁吧？"孔子说："我不知道。"孟武伯又问,孔子说:"仲由在拥有一千辆兵车的国家里,可以让他管理军事,但我不知道他是不是做到了仁。"孟武伯又问:"冉求这个人怎么样?"孔子说:"冉求这个人,可以让他在一个有千户人家的公邑当县长或有一百辆兵车的采邑里当总管,但我也不知道他是不是做到了仁。"孟武伯又问:"公西赤又怎么样呢?"孔子说:"公西赤可以让他穿着礼服,站在朝廷上,接待贵宾办理交涉,我也不知道他是不是做到了仁。"

【原文】

子谓子贡曰:"女与回也,孰愈①?"对曰:"赐也何敢望回? 回也,闻一以知十;赐也闻一以知二。"子曰:"弗如也;吾与②女,弗如也。"

【注释】

① 愈:胜过、超过。

② 与:赞同、同意。

【译文】

孔子对子贡说:"你和颜回两个相比,谁更强一些呢?"子贡回答说:"我怎么敢和颜回相比呢? 颜回他听到一件事就可以推知十件事;我呢,知道一件事,只能推知两件事。"孔子说:"是不如他呀,我同意你说的,是不如他。"

【原文】

宰予①昼寝。子曰:"朽木不可雕也,粪土之墙不可圬②也,于予与何诛③!"子曰:"始吾于人也,听其言而信其行;今吾于人也,听其言而观其行。于予与改是。"

【注释】

① 宰予:鲁国人,孔子的弟子。

② 圬(wū):抹墙用的抹子。这里指用抹子粉刷墙壁。

③ 诛:责备、批评。

【译文】

宰予白天睡觉。孔子说:"腐朽的木头无法雕刻,粪土垒的墙壁无法粉刷。对于宰予这个人,责备还有什么用呢?"孔子说:"起初我对于人,是听了他说的话便相信了他的行为;现在我对于人,听了他讲的话还要观察他的行为。在宰予这件事后,我改变了观察人的方法。"

【原文】

子曰:"吾未见刚者。"或对曰:"申枨①。"子曰:"枨也欲,焉得刚?"

【注释】

① 申枨(chéng):孔子的学生。

【译文】

孔子说:"我没有见过刚强的人。"有人回答说:"申枨(是刚强的)。"孔子说:"申枨这个人欲望太多,怎么能刚强呢?"

【原文】

子贡曰:"我不欲人之加①诸我也,吾亦欲无加诸人。"子曰:"赐也,非尔②所及也。"

【注释】

① 加：强加。

② 尔：你。

【译文】

子贡说："我不愿别人强加于我的事，我也不愿强加在别人身上。"孔子说："赐呀，这就不是你所能做到的了。"

【原文】

子贡曰："夫子之文章①，可得而闻也；夫子之言性②与天道，不可得而闻也。"

【注释】

① 文章：这里指孔子传授的诗、书、礼、乐等。

② 性：人性。

【译文】

子贡说："老师讲授的诗、书、礼、乐的知识，依靠耳闻是能够学到的；老师讲授的人性和天道的理论，依靠耳闻是不能够学到的。"

【原文】

子路有闻，未之能行，唯恐有闻。

【译文】

子路在听到一条道理但没有能亲自实行的时候，唯恐又听到新的道理。

【原文】

子贡问曰:"孔文子①何以谓之'文'也?"子曰:"敏而好学,不耻下问,是以谓之'文'也。"

【注释】

① 孔文子:卫国大夫孔圉,"文"是谥号,"子"是尊称。

【译文】

子贡问道:"为什么给孔文子一个'文'的谥号呢?"孔子说:"他聪敏勤勉而好学,不以向比他地位卑下的人请教为耻,所以给他谥号叫'文'。"

【原文】

子谓子产①,有君子之道四焉:"其行己也恭,其事上也敬,其养民也惠,其使民也义。"

【注释】

① 子产:姓公孙名侨,字子产,郑国大夫,做过正卿,是郑穆公的孙子,为春秋时郑国的贤相。

【译文】

孔子评论子产说他有君子的四种道德:"他自己行为庄重,他侍奉君主恭敬,他养护百姓有恩惠,他役使百姓有法度。"

【原文】

子曰:"晏平仲①善与人交,久而敬之。"

① 晏平仲：齐国大夫晏婴，仲是他的字，谥号平。

【译文】

孔子说："晏平仲善于与人交朋友，相识越久别人越是尊敬他。"

【原文】

子曰："臧文仲①居②蔡③，山节藻棁④，何如其知也！"

【注释】

① 臧文仲：姓臧孙名辰，字仲，"文"是他的谥号。

② 居：作被动词用，使之居住的意思。

③ 蔡：国君用以占卜的大龟。蔡这个地方产龟，所以把大龟叫作蔡。

④ 山节藻棁：节，柱上的斗拱。棁，房梁上的短柱。

【译文】

孔子说："臧文仲为一只叫蔡的大乌龟盖了一间屋，屋上装饰着山形的斗拱、绘有藻草的短柱，他这个人怎么能算是有智慧呢？"

【原文】

子张问曰："令尹子文①三仕为令尹，无喜色；三已②之，无愠色。旧令尹之政，必以告新令尹。何如？"子曰："忠矣。"曰："仁矣乎？"曰："未知，焉得仁？""崔子③弒④齐君，陈文子⑤有马十乘，弃而违之，至于他邦，则曰'犹吾大夫崔子也'，违之。之一邦，则又曰'犹吾大夫崔子也'，违之，何如？"子曰："清矣。"曰："仁矣乎？"曰："未知，焉得仁？"

【注释】

① 令尹子文:令尹,楚国的官名,相当于宰相。子文是楚国的著名宰相。

② 已:罢免。

③ 崔子:齐国大夫崔杼,曾杀死齐庄公,在当时引起极大反应。

④ 弑:古代地位在下的人杀了地位在上的人。

⑤ 陈文子:陈国的大夫,名须无,"文"是谥号。

【译文】

子张问孔子说:"令尹子文几次做楚国宰相,没有显出高兴的样子;几次被免职,也没有显出怨恨的样子。(他每一次被免职)一定把自己的一切政事全部告诉来接任的新宰相。你看这个人怎么样?"孔子说:"可算是忠于国家了。"子张问:"算得上仁了吗?"孔子说:"不知道。这怎么能算仁呢?"(子张又问:)"崔杼杀了他的君主齐庄公,陈文子家有四十匹马,都舍弃不要了,离开了齐国。到了另一个国家,他说,这里的执政者也和我们齐国的大夫崔子差不多,就离开了。到了另一个国家,又说,这里的执政者也和我们的大夫崔子差不多,又离开了。这个人你看怎么样?"孔子说:"可算得上清高了。"子张说:"可说是仁了吗?"孔子说:"不知道。这怎么能算仁呢?"

【原文】

季文子①三思而后行。子闻之,曰:"再,斯②可矣。"

【注释】

① 季文子:即季孙行父,"文"是他的谥号。鲁国的大夫。

② 斯:就。

【译文】

季文子每做一件事都要考虑多次。孔子听到了,说:"考虑两次也就行了。"

【原文】

子曰:"宁武子①,邦有道则知,邦无道则愚②。其知可及也,其愚不可及也。"

【注释】

① 宁武子:姓宁名俞,卫国大夫,"武"是他的谥号。
② 愚:这里是装傻的意思。

【译文】

孔子说:"宁武子这个人,当国家有道时,他就显得聪明,当国家无道时,他就装傻。他的那种聪明别人可以做得到,他的那种装傻别人就做不到了。"

【原文】

子在陈①曰:"归与! 归与! 吾党之小子②狂简③,斐然④成章,不知所以裁⑤之。"

【注释】

① 陈:古国名,大约在今河南东部和安徽北部一带。
② 吾党之小子:古代以五百家为一党。吾党意即我的故乡。小子,指孔子在鲁国的学生。

③ 狂简：志向远大但行为粗率简单。

④ 斐然：有文采的样子。

⑤ 裁：裁剪。布要剪裁才可成衣，人要教育才能成材，此处译为"指导"。

【译文】

孔子在陈国说："回去吧！回去吧！家乡的学生志向远大，文采又都斐然可观，我不知道用什么东西来指导他们。"

【原文】

子曰："伯夷、叔齐①不念旧恶②，怨是用希③。"

【注释】

① 伯夷、叔齐：殷朝末年孤竹君的两个儿子。父亲死后，二人互相让位，都逃到周文王那里。周武王起兵伐纣，他们认为这是以臣弑君，是不忠不孝的行为，曾加以拦阻。周灭商统一天下后，他们以吃周朝的粮食为耻，逃进深山中以野草充饥，饿死在首阳山中。

② 恶：仇恨。

③ 希：同"稀"，少。

【译文】

孔子说："伯夷、叔齐两个人不记人家过去的仇恨，（别人对他们的）怨恨因此也就少了。"

【原文】

子曰："孰谓微生高①直？或乞醯②焉，乞诸其邻而与之。"

① 微生高：姓微生名高，鲁国人。

② 醯（xī）：即醋。

【译文】

孔子说："谁说微生高这个人直率？有人向他讨点醋，（他不说自己没有）他到邻居家里讨了点给人家。"

【原文】

子曰："巧言、令色、足恭①，左丘明②耻之，丘亦耻之。匿怨而友其人，左丘明耻之，丘亦耻之。"

【注释】

① 足恭：以谦恭来取悦他人。

② 左丘明：姓左丘名明，鲁国人。

【译文】

孔子说："花言巧语、伪善的容貌、过于谦恭，左丘明认为这种人可耻，我也认为可耻。把怨恨装在心里，表面上却装出友好的样子，左丘明认为这种人可耻，我也认为可耻。"

【原文】

颜渊、季路侍。子曰："盍①各言尔志。"子路曰："愿车马、衣轻裘，与朋友共，敝之而无憾。"颜渊曰："愿无伐②善，无施劳③。"子路曰："愿闻子之志。"子曰："老者安之，朋友信之，少者怀之。"

【注释】

① 盍(hé)：何不。

② 伐：夸耀。

③ 施劳：施，表白。劳，功劳。

【译文】

颜渊、子路两人侍立在孔子身边。孔子说："你们何不各自说说自己的志向？"子路说："愿意拿出自己的车马、衣服、皮袍，与我的朋友共同使用，用坏了也不抱怨。"颜渊说："我愿不夸耀自己的长处，不表白自己的功劳。"子路向孔子说："愿意听听您的志向。"孔子说："（我的志向是）让年老的安心，让朋友们信任我，让年轻的子弟们得到关怀。"

【原文】

子曰："已矣乎^①！吾未见能见其过而内自讼^②者也。"

【注释】

① 已矣乎：表示感叹，好比说"罢了"。

② 自讼：自我责备。

【译文】

孔子说："罢了，我还没有看见过能够看到自己的错误而又能从内心责备自己的人。"

【原文】

子曰："十室之邑，必有忠信如丘者焉，不如丘之好学也。"

【译文】

孔子说："只有十户人家的城邑，也一定有像我这样讲忠信的人，只是不如我那样好学罢了。"

【故事】

"纸上谈兵"终觉浅

秦国自秦孝公任用商鞅实行变法以来，因制定了正确的兼并战略，军事捷报频传。一百多年中，已发展成为实力最为强大的国家。在秦国的强势面前，韩、魏、南楚、东齐、北燕五国与秦国实力相差悬殊，不能与之抗衡。只有赵国，自赵武灵王进行"胡服骑射"军事改革以来，国势、军力较为强盛，且拥有廉颇、赵奢、李牧等一批杰出的将领，因此被秦国视为最大的对手。

战国末年，强大的秦国通过与各国不断的战争，要统一六国。秦国进攻韩国时，攻占了几个大的城市，将韩国版图截为两段。这一消息传来后，朝廷上下一片惊恐，急派使节入秦，准备献上党郡（今山西长治）向秦求和。这时，韩国的上党太守冯亭却违抗王命，将上党献与了赵国。他的用意是联合赵国，一起抵御秦国。赵国接受了上党，并将其划入自己的版图。这一举动引起了秦国极大的不满，秦、赵两国冲突由此激化。

秦王派左庶长王龁率领大军攻打上党。上党守军兵力不敌，退守长平（今山西高平西北）。赵国见事态危急，紧急派出老将廉颇统率军队星夜赶赴长平，秦赵两国之间的决战由此展开。交战开始，赵军接连打了几次败仗，廉颇率领赵军退守长平北部的丹河。此时赵军以丹河为依靠，修筑壁垒，全力加固防线。

此后，秦军数次挑战，赵军均坚守不出。至此，双方在战场上进

入相持阶段。战争打了三年之久，两国都已不堪重负，经济面临崩溃的危险。秦国运用谋略，一方面殷勤招待赵国来议和的使者，使赵国失去与其他国家联合的机会；另一方面使用反间计，派间谍去赵国首都邯郸制造谣言，离间赵王与廉颇的关系。而赵国方面认为廉颇只是防守，不肯出战，并且士卒伤亡惨重，赵王对此很不满意。最后，赵王听信流言，任命赵括代替廉颇为赵军主帅。

赵括是赵国名将赵奢的儿子，从小熟读兵书，每当与人谈起兵法谋略的时候，便口若悬河、滔滔不绝，即使他的父亲赵奢也辩论不过他。大家都认为赵括很有能力，他的父亲赵奢却不以为然，认为他不能承担重任。他的母亲问其原因，赵奢说："用兵打仗，事关生死，而赵括把这看得太简单了。如果让他担任将军，让赵国失败的一定是他啊！"

等到赵括要出发的时候，他的母亲上书赵王，说："不可让赵括担任将军。"

赵王问："为什么？"

赵括母亲回答说："他父亲当将军时，亲自为他人侍奉饮食，被侍奉的人数以十计，被他当作朋友的人数以百计，大王和王族们赏赐的物品都分给属下，接受任务后就不过问家事；现在赵括做了将军，面向东接受朝见，军官都不敢抬头看他，大王赏赐的财物都带回家收起来，还到处购买便宜的田地房产……大王认为他哪里像他的父亲呢？希望大王不要派他带兵。"

赵王说："这件事你就别管了，我已经决定了。"

赵括上任后，全面推翻廉颇的避军坚守作战方针，积极筹划进攻，企图速战速决。此时秦国知道了赵括上任的消息，秘密起用白起，替代王龁统领秦军。白起是战国时期最为著名的将领之一，曾大破楚军，攻入郢都，迫使楚国迁都，楚国从此一蹶不振。伊阙之战又歼灭韩魏联军 24 万,可谓战功显赫。

白起针对对手求胜心切、自恃高傲的弱点,采取了诱敌入伏、分割包围,然后再聚而歼之的战斗方法。公元前 260 年 8 月,赵军主力向秦军发起攻击,秦军佯装败退。赵括不知有诈,率领赵军追击,追至秦军的埋伏圈。白起命令早已埋伏在两翼的军队迅速攻击,快速穿插到赵军部队身后,占据有利地形,形成包围;另外一支精兵则牵制营垒留守赵军,并切断粮道;秦军的轻骑兵则不断攻击、骚扰赵军。

赵军情势十分危急,只好筑垒自守,以待援兵。秦王听到消息,亲自赴河内(今河南沁阳)督战,对全国 15 岁以上男丁进行征兵,以彻底阻断赵国的援军和补给。

至 9 月,赵军没有补给已达 46 天,饥饿不堪,更有互杀为食的现象,军心动摇,局势危急。赵括组织了四支突围部队,轮番冲击秦军阵地,还是未能脱困。绝望之中,赵括亲率赵军精锐部队强行突围,结果中箭而亡。

四十余万赵军全部向秦军解甲投降。最后,除年龄小的 240 人外,全部为白起坑杀。秦军终于取得了空前激烈残酷的长平之战的彻底胜利。

从此以后,赵国一蹶不振。

【评论】

赵括纸上谈兵并无真才实学,而赵王一意孤行,对他委以重任,结果遭受了毁灭性的打击。赵括并不具备带兵作战的能力,也从来没有真正参加过任何战斗,只是熟读过不少兵书,可是他却非常骄傲,一上任就武断地改换了老将廉颇的战略,最终惨败,致赵军四十万战士被活埋。所以夸夸其谈的危害是绝对不可轻视的,我们更应该关注的,是脚踏实地做一些实事的能力。

雍也篇

子曰:"雍也可使南面①。"

【注释】

① 南面:古时候以坐北朝南为尊位。

【译文】

孔子说:"雍这个人,可以让他去做官。"

【原文】

仲弓问子桑伯子①。子曰:"可也,简②。"仲弓曰:"居敬而行简,以临③其民,不亦可乎？居简而行简,无乃④大⑤简乎?"子曰:"雍之言然。"

【注释】

① 子桑伯子:此人生平不详。

② 简:简要,不烦琐。

③ 临:面临、面对。这里有"治理"的意思。

④ 无乃:岂不是。

⑤ 大:同"太"。

【译文】

仲弓问孔子,子桑伯子这个人如何。孔子说:"此人还可以,办事简要而不烦琐。"仲弓说:"内心严肃认真而行事简要,像这样来治理百姓,不是也可以吗？若内心简单又以简要的方法办事,这岂不是太简要了吗?"孔子说:"你这话说得对。"

【原文】

　　哀公问:"弟子孰为好学?"孔子对曰:"有颜回者好学,不迁怒,不贰过①,不幸短命死矣。今也则亡②,未闻好学者也。"

【注释】

① 不贰过:"贰"是重复、一再的意思。这是说不犯同样的错误。

② 亡:同"无"。

【译文】

　　鲁哀公问孔子:"你的学生中谁是最好学的呢?"孔子回答说:"有一个叫颜回的学生好学,他从不迁怒于别人,也从不重犯同样的过错。不幸短命死了。现在没有那样的人了,再也没有听说谁是好学的。"

【原文】

　　子华使于齐,冉子为其母请粟①。子曰:"与之釜②。"请益。曰:"与之庾③。"冉子与之粟五秉④。子曰:"赤之适齐也,乘肥马,衣轻裘。吾闻之也:君子周⑤急不继富。"

【注释】

① 粟:小米。

② 釜:古代容量单位,合当时的六斗四升。

③ 庾:古代容量单位,合当时的二斗四升。

④ 秉:古代容量单位,合当时的十六斛(十斗为一斛,斛后来也称石)。

⑤ 周:周济、救济。

【译文】

子华出使齐国，冉有替他的母亲向孔子请求一些小米。孔子说："给他六斗四升。"冉有请求再增加一些。孔子说："再给他二斗四升。"冉有却给他八十斛。孔子说："公西赤（子华姓公西，名赤，字子华）到齐国，乘坐着肥马驾的车子，穿着又暖和又轻便的皮袍。我听说过，君子只会周济急需救济的人，而不会给富人添富。"

【原文】

原思①为之宰②，与之粟九百，辞。子曰："毋，以与尔邻里乡党③乎！"

【注释】

① 原思：姓原名宪，字子思，鲁国人，孔子的学生。

② 宰：管家。

③ 邻里乡党：都是古时候地方单位的名称，此处指原思的同乡。

【译文】

原思给孔子家当总管，孔子给他小米九百，原思推辞不要。孔子说："不要推辞。（如果有多的）给你的乡亲们吧！"

【原文】

子谓仲弓，曰："犁牛①之子骍且角②。虽欲勿用，山川③其舍诸？"

【注释】

① 犁牛：耕牛。古时候祭祀用的牛不能以耕牛代替。

② 骍(xīng)且角：骍，红色。角，牛角长得端正。

③ 山川：山川之神。

【译文】

孔子在谈到仲弓的时候说："耕牛产下的牛犊长着红色的毛，角也长得整齐端正，人们虽想不用它作祭品，但山川之神难道会舍弃它吗？"

【原文】

子曰："回也，其心三月①不违仁，其余则日月②至焉而已矣。"

【注释】

① 三月：三是约数，指时间长久。

② 日月：较短的时间。

【译文】

孔子说："颜回这个人，他的心可以长时间内不离开仁德，其余的学生则只能在短时间内想到仁而已。"

【原文】

季康子问："仲由可使从政也与？"子曰："由也果，于从政乎何有？"曰："赐也可使从政也与？"曰："赐也达①，于从政乎何有？"曰："求也可使从政也与？"曰："求也艺②，于从政乎何有？"

【注释】

① 达：通事理。

② 艺：多才能。

季康子问孔子:"仲由这个人,可以让他管理国家政事吗?"孔子说:"仲由做事果断,对于管理国家政事有什么困难呢?"季康子又问:"端木赐这个人,可以让他管理国家政事吗?"孔子说:"端木赐通达事理,对于管理政事有什么困难呢?"又问:"冉求这个人,可以让他管理国家政事吗?"孔子说:"冉求有才能,对于管理国家政事有什么困难呢?"

【原文】

季氏使闵子骞①为费②宰,闵子骞曰:"善为我辞焉! 如有复我③者,则吾必在汶上④矣。"

【注释】

① 闵子骞:姓闵名损,字子骞,鲁国人,孔子的学生。

② 费:季氏的封邑,在今山东费县西北一带。

③ 复我:再来召我。

④ 汶上:汶水是当时齐国和鲁国的界河。古人以山南、水北为阳,"汶上"是指汶水的北面,"在汶上"是说要离开鲁国到齐国去。

【译文】

季氏派人请闵子骞去做费邑的长官,闵子骞(对来请他的人)说:"请你好好替我推辞吧! 如果再来召我,那我一定到汶水的北边去了。"

【原文】

伯牛①有疾,子问之,自牖②执其手,曰:"亡之,命矣夫,斯人也而有斯疾也! 斯人也而有斯疾也!"

【注释】

① 伯牛:姓冉名耕,字伯牛,鲁国人,孔子的学生。

② 牖(yǒu):窗户。

【译文】

伯牛病了,孔子前去探望他,从窗户外面握着他的手说:"就快死了,这是命里注定的吧！这样的人竟会得这样的病啊！这样的人竟会得这样的病啊！"

【原文】

子曰:"贤哉,回也！一箪①食,一瓢饮,在陋巷,人不堪其忧,回也不改其乐。贤哉,回也！"

【注释】

① 箪(dān):古代盛饭用的竹器。

【译文】

孔子说:"颜回的品格是多么高尚啊！一箪饭,一瓢水,住在简陋的巷子里,别人都忍受不了这种穷困清苦,颜回却没有改变他的乐趣。颜回的品格是多么高尚啊！"

【原文】

冉求曰:"非不说子之道,力不足也。"子曰:"力不足者,中道而废。今女画①。"

【注释】

① 画:划定界限,停止前进。

【译文】

冉求说："我不是不喜欢老师您所讲的道，而是我的能力不够呀!"孔子说："能力不够是到半路才停下来，现在你是自己给自己划了界限不想前进。"

【原文】

子谓子夏曰："女为君子儒，无为小人儒。"

【译文】

孔子对子夏说："你要做君子式的儒者，不要做小人式的儒者。"

【原文】

子游为武城①宰。子曰："女得人焉尔②乎?"曰："有澹台灭明③者，行不由径④，非公事，未尝至于偃⑤之室也。"

【注释】

① 武城：鲁国的小城邑，在今山东费县境内。

② 焉尔乎：此三个字都是语助词。

③ 澹台灭明：姓澹台名灭明，字子羽，武城人，孔子弟子。

④ 径：便捷的小路。

⑤ 偃（yǎn）：即子游，这是他自称其名。

【译文】

子游当了武城的长官。孔子说："你在那里得到人才了吗?"子游回答说："有一个叫澹台灭明的人，走路从来不抄便捷的小路，没有公事，从不到我的屋子里来。"

【原文】

子曰："孟之反①不伐②，奔③而殿④，将入门，策其马，曰：'非敢后也，马不进也。'"

【注释】

① 孟之反：名侧，鲁国大夫。

② 伐：夸耀。

③ 奔：败走。

④ 殿：殿后，在全军最后作掩护。

【译文】

孔子说："孟之反不喜欢夸耀自己。败退的时候，他留在最后掩护全军。快进城门的时候，他鞭打着自己的马说，'不是我勇于殿后，是马跑得不快。'"

【原文】

子曰："不有①祝鮀②之佞，而有宋朝③之美，难乎免于今之世矣。"

【注释】

① 不有：假如没有。

② 祝鮀：卫国大夫，有口才，以能言善辩受到卫灵公重用。

③ 宋朝：宋国的公子朝，《左传》中曾记载他因美丽而引起祸乱的事情。

孔子说:"如果没有祝鮀那样的口才,仅有公子朝的美貌,那在今天的社会上恐怕不易避免祸害了。"

【原文】

子曰:"谁能出不由户^①?何莫^②由斯道也?"

【注释】

① 户:一般指室内的房门。

② 何莫:何不。

【译文】

孔子说:"谁能不经过屋门而走出去呢?为什么没有人走这条道路呢?"

【原文】

子曰:"质胜文则野^①,文胜质则史^②。文质彬彬^③,然后君子。"

【注释】

① 野:粗鄙。

② 史:这里有虚伪、浮夸的意思。

③ 彬彬:形容人既文雅又朴实。

【译文】

孔子说:"质朴多于文采就未免粗鄙,文采多于质朴又未免虚浮。只有质朴和文采配合恰当,才是个君子。"

【原文】

子曰:"人之生也直,罔①之生也幸而免。"

【注释】

① 罔:不正直的人。

【译文】

孔子说:"一个人的生存是由于正直,而不正直的人也能生存,那只是他侥幸地避免了灾祸。"

【原文】

子曰:"知之者不如好之者,好之者不如乐之者。"

【译文】

孔子说:"懂得它的人不如爱好它的人,爱好它的人又不如以它为乐的人。"

【原文】

子曰:"中人以上,可以语上①也;中人以下,不可以语上也。"

【注释】

① 上:高深的学问和道理。

孔子说:"具有中等以上才智的人,可以给他讲授高深的学问与道理;在中等水准以下的人,不可以给他讲高深的学问和道理。"

【原文】

樊迟问知①,子曰:"务②民之③义,敬鬼神而远之,可谓知矣。"问仁,曰:"仁者先难而后获,可谓仁矣。"

【注释】

① 知:同"智"。

② 务:从事、致力于。

③ 之:趋向、达到。

【译文】

樊迟问孔子怎样才算是智,孔子说:"专心致力于使老百姓趋向义,敬畏鬼神但要远离它,就可以说是智了。"樊迟又问怎样才是仁,孔子说:"仁德的人付出一定的力量然后收获果实,这可以说是仁了。"

【原文】

子曰:"知者乐水,仁者乐山;知者动,仁者静;知者乐,仁者寿。"

【译文】

孔子说:"有才智的人喜爱水,有仁德者喜爱山;有才智的人好动,有仁德者好静;有才智的人快乐,有仁德者长寿。"

【原文】

子曰:"齐一变,至于鲁;鲁一变,至于道。"

【译文】

孔子说:"齐国一改革,可以达到鲁国这个样子;鲁国一改革,就可以合于大道了。"

【原文】

子曰:"觚①不觚,觚哉！觚哉！"

【注释】

① 觚(gū):古代盛酒的器具。

【译文】

孔子说:"觚不像个觚了,这也算是觚吗？这也算是觚吗？"

【原文】

宰我问曰:"仁者,虽①告之曰井有仁②焉,其从之也?"子曰:"何为其然也？君子可逝③也,不可陷也;可欺也,不可罔④也。"

【注释】

① 虽:假如。

② 仁:这里指有仁德的人。

③ 逝:往。这里指到井边去看并设法救。

④ 罔:愚弄。

【译文】

宰我问道:"对于有仁德的人,告诉他井里掉下去一位仁人,他会跟着下去吗?"孔子说:"为什么要这样做呢?君子可以到井边设法救人,却不可以陷害他;君子可以欺骗他,但不可以愚弄他。"

【原文】

子曰:"君子博学于文,约之以礼,亦可以弗畔①矣夫。"

【注释】

① 畔:同"叛"。

【译文】

孔子说:"君子广泛地学习古代的文化典籍,又以礼来约束自己,也就可以不离经叛道了。"

【原文】

子见南子①,子路不说。夫子矢②之曰:"予所否③者,天厌之!天厌之!"

【注释】

① 南子:卫灵公的夫人。

② 矢:发誓。

③ 所否:所,假如。否,不对,不是,指做了不正当的事。

【译文】

孔子去见南子,子路不高兴。孔子发誓说:"如果我做了什么不正当的事,让上天谴责我吧! 让上天谴责我吧!"

【原文】

子曰:"中庸①之为德也,其至矣乎! 民鲜久矣。"

【注释】

① 中庸:中,谓之无过无不及。庸,平常。

【译文】

孔子说:"中庸作为一种道德,该是最高的了吧! 人们缺少这种道德已经为时很久了。"

【原文】

子贡曰:"如有博施①于民而能济众,何如? 可谓仁乎?"子曰:"何事于仁! 必也圣乎! 尧舜其犹病诸。夫仁者,己欲立而立人,己欲达而达人。能近②取譬,可谓仁之方③也已。"

【注释】

① 博施:广泛地施予恩惠。

② 近:自身周围。

③ 方:方法、途径。

【译文】

子贡说:"假若有一个人,他能给老百姓很多好处又能周济大众,怎么样? 可以算是仁人了吗?"孔子说:"岂止是仁人,简直是圣人了! 就连尧、舜尚且难以做到呢! 至于仁人,就是要想自己站得住同时也使别人站得住，自己要事事行得通同时也使别人事事行得通。凡事能就近以自己作比而推己及人，可以说就是实行仁的方法了。"

【故事】

陶渊明安贫乐道东篱采菊

陶渊明（约 365—427），名潜，字元亮，号五柳先生，谥号靖节先生，东晋末期南朝宋初期诗人、文学家、辞赋家、散文家。他是中国第一位田园诗人，开创了田园诗派。

陶渊明的曾祖父陶侃是东晋的开国元勋，官至大司马，祖父陶茂、父亲陶逸也都做到过太守一级的官位。不过陶渊明八岁时，由于父亲去世，家道中落，陶渊明只好与母妹三人在外祖父孟嘉家里生活。

孟嘉是当时的名士，他有个性、谦虚、沉静，喜好喝酒，陶渊明的个性、修养都有外祖父的遗风。孟嘉家里藏书多，使陶渊明获得了阅读古籍和了解历史的条件，他不仅学了一般士大夫都会学的《老子》《庄子》，还学了儒家的"六经"和文、史、神话之类的"异书"。这样的阅读积累及家庭环境，再加上当时的时代思潮，使陶渊明受到儒家和道家两种思想的影响，生发出儒家的积极入世与道家的淡泊出世这两种不同的志趣。

孝武帝太元十八年（393 年），陶渊明任江州祭酒，但因出身庶族遭人轻视，不久后便辞了官。安帝隆安四年（400 年），他到荆州投入桓玄门下做属吏，但不久就发现桓玄是个野心家，窥伺篡夺东晋政权，陶渊明不肯同流合污，次年冬天，以丧母为由辞职回家。

元兴元年（402 年）正月，桓玄夺取东晋军政大权，次年在建康公开篡夺了皇位，改国为楚，陶渊明对桓玄的举动表示不屑。元兴三年，刘裕与他人联合起兵讨伐桓玄成功。刘裕主政给人耳目一新之感，于是陶渊明又入幕其下。但没过多久，刘裕剪除异己、徇私舞弊的做法再次让他深感失望，于是辞职隐居。

义熙元年（405 年），陶渊明入建威将军、江州刺史刘敬宣部任建威参军。三月，他奉命赴建康替刘敬宣上表辞职。刘敬宣离职后，他也随着去职了。

同年秋天，陶渊明的叔父陶逵介绍他到彭泽县任县令，到任八十一天，碰到了浔阳郡督邮，属吏告诉他要整肃衣冠，认真迎接，他感叹说："我岂能为五斗米而折腰。"于是辞去官职。

陶渊明十三年的仕宦生活，自辞彭泽县令后结束。这十三年，是他为实现"大济苍生"的理想抱负而不断尝试、不断失望、终至绝望的十三年。最后赋《归去来兮辞》，表明不与世俗同流合污的决心。

陶渊明辞官归故里，过着自食其力的耕种生活。因其居住地门前栽种有五棵柳树，故被人称为五柳先生。陶渊明的夫人翟氏与他志同道合，夫妇二人安贫乐贱，共同劳动维持生活。这个时候的陶渊明既不为贫贱而忧心忡忡，也不再热衷于发财做官，简单朴实的生活让他满足。

"方宅十余亩，草屋八九间，榆柳荫后檐，桃李罗堂前"是陶渊明真正的生活写照。"晨兴理荒秽，带月荷锄归"的劳动虽然辛苦，但是陶渊明很喜爱。

陶渊明爱菊，在住宅周围种满了菊花。"采菊东篱下，悠然见南山"是一种生活状态，更是一种思想境界。他很爱饮酒，每饮必醉。有客人来访，无论其身份贵贱，只要家中有酒，陶渊明一定会与其同饮。

义熙四年，陶渊明的住地上京失火，不得已迁居到栗里，生活较为困难。如逢丰收之年还过得去，如遇灾年则缺衣少食。有一次，有个老农带着酒，一大早便来找他同饮，劝他出去继续仕途，他用"和而不同"的语气谢绝了。

陶渊明晚年时，生活越来越贫困。有时，会有朋友主动给他送钱周济：比如他有个老朋友叫颜延之，在赴任始安郡太守途中经过浔阳，便留了几天，每天到他家饮酒，临走时留下两万钱。有时，他也不得不找亲友借些钱度日。不过，他去求贷或接受周济是有原则的，一般官府之人的救济和馈赠他都会拒绝。

他辞官回乡二十二年，一直过着贫困的田园生活，但他固穷守节，且老而益坚。公元427年9月中旬，他趁自己神志还清醒的时候，写了《拟挽歌辞三首》，第三首诗末两句"死去何所道，托体同山阿"，表明他对死亡平淡自然的态度。

公元427年，陶渊明走完了他六十三年的生命历程，被安葬在南山脚下的陶家墓地中。

就陶渊明的个性来说，"少无适俗韵，性本爱丘山"，因此他的后半生便处于归隐状态。现实的黑暗让他看得透彻，只能够在虚构的世界里寻找安慰，像《桃花源记》中描绘的情景，就是他对于现实的间接批判。陶渊明这样的真隐士值得后人敬佩和景仰。

【评论】

陶渊明是一个外表恬淡静穆，而内心渴望济世的人。他年轻时胸怀大志，希望建功立业。只不过在出仕了一段时期后，对于黑暗的现实深感失望，清净高洁的本性使他无法与当政者同流合污，便选择了一条退隐归耕的道路。

田园生活虽然困苦，但陶渊明通过对自然的自我解读与其和解，在自然与哲理之间打开了一条通道。他人眼中平淡不过的农村生活，在他的笔下却显示出意境无穷的恬淡之美，田园诗体自其开创，故陶渊明被后世称为"隐逸诗人之宗"。

这些不朽的诗篇为中国古典诗歌开创了新境界，而陶渊明的思想及品格对后世文人影响甚远，因此，他成为中国文学发展和繁荣的力量中不可或缺的伟大人物。

述而篇

【原文】

子曰:"述而不作①,信而好古,窃②比于我老彭③。"

【注释】

① 述而不作:述,传述已有的成果。作,创立新说。

② 窃:私下。

③ 老彭:人名,是谁有争议,有的说是殷商时代一位"好述古事"的贤大夫,有的说是老子和彭祖两个人,有的说是殷商时代的彭祖。

【译文】

孔子说:"只阐述而不创作,相信而且喜好古代的文化,我私下把自己和老彭相比。"

【原文】

子曰:"默而识①之,学而不厌②,诲人不倦,何有于我哉?"

【注释】

① 识(zhì):记住。

② 厌:满足。

【译文】

孔子说:"默默地记住(所学的知识),学习不觉得厌烦,教人不知道疲倦,哪一条我做到了呢?"

【原文】

子曰:"德之不修,学之不讲,闻义不能徙①,不善不能改,是吾忧也。"

【注释】

① 徙:此处指靠近、做到。

【译文】

孔子说:"品德不去修养,学问不去讲习,听到义不能去做,有了不善的事不能改正,这些都是我所忧虑的事情。"

【原文】

子之燕居①,申申②如也,夭夭③如也。

【注释】

① 燕居:闲居。
② 申申:衣冠整洁。
③ 夭夭:神色和悦。

【译文】

孔子闲居在家里的时候,衣冠整洁,神色和悦。

【原文】

子曰:"甚矣吾衰也!久矣吾不复梦见周公①。"

【注释】

① 周公：姓姬名旦，周文王的儿子，周武王的弟弟，成王的叔父，鲁国国君的始祖，传说是西周典章制度的制定者，他是孔子所崇拜的"圣人"之一。

【译文】

孔子说："我衰老得很严重了，我好久没有梦见周公了。"

【原文】

子曰："志于道，据于德，依于仁，游于艺。"

【译文】

孔子说："以道为志向，以德为根据，以仁为凭借，活动于（礼、乐等）六艺的范围之中。"

【原文】

子曰："自行束脩①以上，吾未尝无诲焉。"

【注释】

① 束脩：十条干肉。

【译文】

孔子说："只要主动给予我一点见面薄礼，我从来没有不给他教诲的。"

子曰:"不愤①不启,不悱②不发。举一隅③不以三隅反④,则不复⑤也。"

【注释】

① 愤:苦思冥想而仍然领会不了的样子。

② 悱(fěi):想说又不能明确说出来的样子。

③ 隅:角。

④ 反:同"返",回答。

⑤ 复:再次。

【译文】

孔子说:"教导学生,不到他想弄明白而不得的时候,不去开导他;不到他想说出来却说不出来的时候,不去启发他。教他一个方面的东西,他却不能由此而推知其他三个方面的东西,那就不再教他了。"

【原文】

子食于有丧者之侧,未尝饱也。

【译文】

孔子在有丧事的人旁边吃饭,不曾吃饱过。

【原文】

子于是日哭,则不歌。

【译文】

孔子在这一天为吊丧而哭泣,就不再唱歌。

【原文】

子谓颜渊曰:"用之则行,舍之则藏,惟我与尔有是夫!"子路曰:"子行三军,则谁与①?"子曰:"暴虎冯河②,死而无悔者,吾不与也。必也临事而惧,好谋而成者也。"

【注释】

① 与:一同。

② 暴虎冯(píng)河:赤手空拳与老虎进行搏斗,无船而徒步过河。

【译文】

孔子对颜渊说:"用我呢,我就去做;不用我,我就隐藏起来。只有我和你才能做到这样吧!"子路问孔子说:"老师您如果统帅三军,那么您会和谁在一起共事呢?"孔子说:"赤手空拳和老虎搏斗,徒步涉水过河,死了都不会后悔的人,我是不会和他在一起共事的。我要找的,一定要是遇事小心谨慎,善于谋划而能完成任务的人。"

【原文】

子曰:"富而可求也,虽执鞭之士①,吾亦为之。如不可求,从吾所好。"

【注释】

① 执鞭之士:古代为天子、诸侯和官员出入时手执皮鞭开路的

人,指地位低下的职事。

【译文】

孔子说:"如果富贵合乎道就可以去追求,即使是给人执鞭的下等差事,我也愿意去做。如果富贵不合于道就不必去追求,那就还是按照我的爱好去做事。"

【原文】

子之所慎:齐①、战、疾。

【注释】

① 齐:同"斋",斋戒,是古人祭祀前洁净身心的步骤。

【译文】

孔子所谨慎小心对待的是斋戒、战争和疾病这三件事。

【原文】

子在齐闻《韶》,三月不知肉味,曰:"不图为乐之至于斯也。"

【译文】

孔子在齐国听到了《韶》乐,有很长时间尝不出肉的滋味,他说:"想不到《韶》乐的美达到了这样迷人的地步。"

【原文】

冉有曰:"夫子为①卫君②乎?"子贡曰:"诺,吾将问之。"入,曰:"伯夷、叔齐何人也?"曰:"古之贤人也。"曰:"怨乎?"曰:"求仁而得仁,又何怨。"出,曰:"夫子不为也。"

【注释】

① 为：这里是赞成的意思。

② 卫君：卫出公，名辄，公元前492年—前481年在位。

【译文】

冉有说："老师赞成卫国的国君吗？"子贡说："嗯，我去问他。"于是就进去问孔子："伯夷、叔齐是什么样的人呢？"（孔子）说："古代的贤人。"（子贡又）问："（他们两人互相推让，都不肯做孤竹国的国君，都跑到国外）他们有怨恨吗？"（孔子）说："他们求仁而得到了仁，为什么有怨恨呢？"（子贡）出来（对冉有）说："老师不会赞成卫君。"

【原文】

子曰："饭疏食①饮水，曲肱②而枕之，乐亦在其中矣。不义而富且贵，于我如浮云。"

【注释】

① 饭疏食：饭，吃。疏食，粗粮。

② 肱（gōng）：胳膊。

【译文】

孔子说："吃粗粮，喝冷水，弯着胳膊当枕头，乐趣也就在其中了。用不正当的手段得来的富贵，对我来讲就像是天上的浮云。"

【原文】

子曰："加①我数年，五十以学易②，可以无大过矣。"

① 加：通"假"，给予的意思。

② 易：指《周易》。

【译文】

孔子说："再让我多活几年时间，到五十岁时学习《易》，我便可以没有大的过错了。"

【原文】

子所雅言①，《诗》、《书》、执礼，皆雅言也。

【注释】

① 雅言：雅是正的意思，雅言是指规范的语言。

【译文】

孔子有时讲雅言，读《诗》、念《书》、行礼仪时，用的都是雅言。

【原文】

叶公①问孔子于子路，子路不对。子曰："女奚不曰，其为人也，发愤忘食，乐以忘忧，不知老之将至云尔②。"

【注释】

① 叶（shè）公：姓沉名诸梁，楚国的大夫，封地在叶城。

② 云尔：如此而已。

【译文】

叶公向子路问孔子是个什么样的人,子路不答。孔子(对子路)说:"你为什么不这样说,他这个人,发愤用功,连吃饭都忘了,快乐得把一切忧虑都忘了,连自己快要老了都不知道,如此而已。"

【原文】

子曰:"我非生而知之者,好古,敏以求之者也。"

【译文】

孔子说:"我不是生来就有知识的人,而是爱好古代的东西,勤奋敏捷地去求得知识的人。"

【原文】

子不语怪、力、乱、神。

【译文】

孔子不谈论怪异、暴力、叛乱、鬼神。

【原文】

子曰:"三人行,必有我师焉。择其善者而从之,其不善者而改之。"

【译文】

孔子说:"几个人一同走路,其中必定有我的老师,我要选择他们的长处来学习,(看到自己也有的)他们那些短处就要改正。"

【原文】

子曰:"天生德于予,桓魋①其如予何?"

【注释】

① 桓魋(tuí):宋国主管军事行政的官。

【译文】

孔子说:"上天把德赋予了我,桓魋能把我怎么样?"

【原文】

子曰:"二三子①以我为隐乎?吾无隐乎尔。吾无行而不与二三子者,是丘也。"

【注释】

① 二三子:这里指孔子的学生们。

【译文】

孔子说:"学生们,你们以为我对你们有什么隐瞒吗?我是丝毫没有隐瞒的。我没有什么事不向你们公开的。我孔丘就是这样的人。"

【原文】

子以四教:文①、行②、忠③、信④。

【注释】

① 文：文献、古籍。

② 行：指德行，也指社会实践方面的内容。

③ 忠：尽己谓之忠，对人尽心竭力的意思。

④ 信：以实谓之信，诚实的意思。

【译文】

孔子用四种内容教育学生：历代文献、社会实践、对待别人的忠心、与人交往的诚信。

【原文】

子曰："圣人，吾不得而见之矣；得见君子者，斯可矣。"子曰："善人，吾不得而见之矣；得见有恒者，斯可矣。亡而为有，虚而为盈，约^①而为泰^②，难乎有恒矣。"

【注释】

① 约：穷困。

② 泰：这里是奢侈的意思。

【译文】

孔子说："圣人我是不可能看到了，能看到君子，这就可以了。"孔子又说："善人我是不可能看到了，能见到始终如一（保持良好品德）的人，这也就可以了。没有却装作有，空虚却装作充实，穷困却装作富足，这样的人是难以有恒心（保持良好的品德）的。"

【原文】

子钓而不纲^①，弋^②不射宿^③。

① 纲：渔网上用来收束的绳子,这里用作动词,指在水流上拦网捕鱼。

② 弋：用带绳子的箭来射鸟。

③ 宿：指归巢歇宿的鸟儿。

【译文】

孔子只用钓竿钓鱼,而不用大绳在水流上拦网捕鱼;只用箭射飞鸟,不射巢中歇宿的鸟。

【原文】

子曰:"盖有不知而作之者,我无是也。多闻,择其善者而从之;多见而识之;知之次也。"

【译文】

孔子说:"有这样一种人,可能他什么都不懂却在那里凭空造作,我却没有这样做过。多听,选择其中好的来学习;多看,然后记在心里,这是仅次于'生而知之'的智慧。"

【原文】

互乡①难与言,童子②见,门人惑。子曰:"与③其进也,不与其退也,唯何甚? 人洁己以进,与其洁也,不保其往也。"

【注释】

① 互乡：地名,具体所在已无可考。

② 童子：未成年人。

③ 与：赞许。

【译文】

互乡那个地方的人难与他们交谈，但互乡的一个童子却受到了孔子的接见，学生们都感到迷惑不解。孔子说："我是肯定他的进步，不是肯定他的倒退。何必做得太过分呢？人家把自己弄得干干净净而来，便应当赞成他的干净，不要死抓住他的过去不放。"

【原文】

子曰："仁远乎哉？我欲仁，斯仁至矣。"

【译文】

孔子说："仁难道离我们很远吗？只要我想达到仁，仁就来了。"

【原文】

陈司败①问："昭公②知礼乎？"孔子曰："知礼。"孔子退，揖巫马期③而进之曰："吾闻君子不党④，君子亦党乎？君取⑤于吴，为同姓⑥，谓之吴孟子⑦。君而知礼，孰不知礼？"巫马期以告。子曰："丘也幸，苟有过，人必知之。"

【注释】

① 陈司败：陈国主管司法的官。

② 昭公：鲁国的君主。

③ 巫马期：姓巫马名施，字子期，孔子的学生。

④ 党：偏袒、包庇的意思。

⑤ 取：同"娶"。

⑥ 为同姓：鲁国和吴国的国君同姓姬。周礼规定，同姓不婚，昭公娶同姓女，是违礼的行为。

⑦ 吴孟子：鲁昭公夫人。春秋时代，国君夫人的称号，一般是她出生的国名加上她的姓，但因她姓姬，故称为吴孟子，而不称吴姬。

【译文】

陈司败问："鲁昭公懂得礼吗？"孔子说："懂得礼。"孔子出来后，陈司败向巫马期作了个揖，请他走近自己，对他说："我听说，君子是没有偏私的，难道君子还包庇别人吗？鲁君在吴国娶了一个同姓的女子为夫人，是国君的同姓，称她为吴孟子。如果鲁君算是知礼，还有谁不知礼呢？"巫马期把这句话告诉了孔子。孔子说："我真是幸运。如果有错，人家一定会知道。"

【原文】

子与人歌而善，必使反之①，而后和之。

【注释】

① 反之：重唱一遍。

【译文】

孔子与别人一起唱歌，如果唱得好，一定要请他再唱一遍，然后和他一起唱。

【原文】

子曰："文，莫①吾犹人也。躬行君子，则吾未之有得。"

119

【注释】

① 莫：大概、差不多。

【译文】

孔子说："就书本知识来说，大约我和别人差不多，做一个身体力行的君子，那我还没有做到。"

【原文】

子曰："若圣与仁，则吾岂敢？抑①为之②不厌，诲人不倦，则可谓云尔③已矣。"公西华曰："正唯弟子不能学也。"

【注释】

① 抑："只不过是"的意思。

② 为之：指圣与仁。

③ 云尔：这样说。

【译文】

孔子说："如果说到圣与仁，那我怎么敢当！不过（向圣与仁的方向）努力而不感觉厌烦地做，教诲别人也从不感觉疲倦，就是如此罢了。"公西华说："这正是我们学不到的。"

【原文】

子疾病①，子路请祷②。子曰："有诸③？"子路对曰："有之。《诔》④曰：'祷尔于上下神祇⑤。'"子曰："丘之祷久矣。"

【注释】

① 疾病：古人称一般的病痛为疾，重病为病，此处疾病连用指病

情严重。

② 请祷：请代祷于鬼神；祈祷。

③ 诸："之于"的合音，意思是"有这样的事吗"。

④《诔（lěi）》：祈祷文。

⑤ 神祇（qí）：古代称天神为神，地神为祇。

【译文】

孔子病情严重，子路向神祈祷。孔子说："有这回事吗？"子路说："有的。《诔》文上说：'为你向天地神灵祈祷。'"孔子说："我很久以来就在祈祷了。"

【原文】

子曰："奢则不孙①，俭则固②。与其不孙也，宁固。"

【注释】

① 孙：同"逊"，谦逊、恭顺。

② 固：简陋、鄙陋。

【译文】

孔子说："奢侈了就会越礼，节俭了就会寒酸。与其越礼，宁可寒酸。"

【原文】

子曰："君子坦荡荡，小人长戚戚①。"

【注释】

① 戚戚：忧愁、烦恼的样子。

【译文】

孔子说："君子心胸宽广，小人经常忧愁。"

【原文】

子温而厉，威而不猛，恭而安。

【译文】

孔子温和而又严厉，有威仪而不凶猛，庄严而又安详。

【故事】

唐太宗择善而从创盛世

中国历史上，唐太宗李世民是有资格被誉为"千古一帝"的皇帝之一，而李世民之所以能够成为杰出的政治家，是因为他有一个优点——纳谏，即善于听从大臣的批评和意见。

"纳谏"是说来简单而做起来很难的事，因为这意味着要受到大臣们的批评乃至指责，一般人都受不了被人指指点点，更何况一个高高在上的皇帝呢？然而，李世民偏偏就克服了这一点，因为他深知：广泛地听取意见才能辨明是非，听信单方面的意见会做出错误的判断；人要照见自己，一定要有面明亮的镜子；一国之主若想知道自己的过失，一定要借助忠臣的进言；英明的君主如果常思考自己的短处并改进，就会越来越好；昏庸的君主如果护持自己的短处拒绝纳谏，就会永远愚钝。

在李世民的宣导和鼓励下，大臣们纷纷勇于谏言，而其中对李世民影响最大、贡献最多，在历史上被誉为"第一诤臣"的人，无疑就是魏征。

魏征，字玄成，是唐初杰出的政治家、思想家、史学家。他是河北巨鹿人，自幼父母双亡，家境贫寒，但他勤奋好学，希望将来有所作为。隋大业末年，朋友元宝藏收留他在军中掌管文书，然后他在李密领导的瓦岗军和窦建德领导的河北起义军中任职，结果兵败、降唐，魏征两次成为唐军的俘虏。这一段经历使魏征饱受忧患，经受了战火的锻炼与洗礼，体察了下层民众的疾苦，为后来辅佐唐太宗准备了多方面的条件。"玄武门事变"以后，魏征得投明主，并逐步取得了李世民的信任。

说到这两位君臣，就必须提到历史上有名的"贞观之治"。唐太宗即位时，改年号为"贞观"，这就是贞观治世的开始。魏征以性格刚直、才识卓越、勇于犯颜直谏而著称。入朝议事之后，魏征直言秉性不改，对于唐太宗，不管是公事还是私事，只要他认为不恰当的地方，都会马上提出纠正。

魏征对唐太宗进谏的时候，虽极端激怒太宗，但他还是神态自若，毫不动摇，每次都让太宗渐渐地平息怒火，并为之折服。这两位君臣，一个以能够听取不同意见的"明君"形象，一个以勇于直言的"谏臣"形象，在历史上留下了千古佳话，有许多故事直到今天仍被后人传诵。

有一年，李世民下令征兵，有大臣建议：不满十八岁的男子，只要身体强壮，也可以征。李世民同意了，可是诏书却被魏征扣住。李世民催了好几次，魏征还是不发。唐太宗很生气，当面责问魏征。

魏征答道："竭泽而渔，虽然能得到鱼，但是明年可就无鱼可捕了；焚林猎兽，也可以捕捉到野兽，但是明年也没有野兽可以抓捕了。把那些身体强壮而没有成年的男子征来当兵，以后还从哪儿来征呢？而且这些人承担的国家的租赋杂徭，又由谁来承担呢？何况兵不贵多而贵精，凑数得来的军队是不会打胜仗的。"

唐太宗考虑良久，最终撤销了这个命令。他对魏征说："我原以为你顽固、不通情理，现在听你所言，觉得很有道理。政令前后不一，百姓不知所从，国家是不会治理得好的！"

唐太宗非常喜欢捕猎，也特别喜欢玩一种叫"鹞鹰"的鸟。一次太宗带鹞鹰去玩时，就叹息说："唉！时间过得太快，总是不够！"可见他沉迷之深。

一天，有人进献一只漂亮的鹞鹰，唐太宗非常喜爱，正在手臂上逗弄玩赏，忽然看见魏征进来，便赶快把鹞鹰藏入怀中。魏征远远地已经看见了唐太宗的举动，故意把面圣的时间拖得很久。等到魏征离开时，鹞鹰已经被闷死了。

有一次，李世民用自矜的口吻对大臣们说："人们都说天子至尊无上，所以无所忌惮，可是朕不是这样。朕总是上畏皇天之监临，下畏群臣之瞻仰，兢兢业业，犹恐上不合天意，下不符人望。"李世民所说的固然是实情，可是像他这样自称自赞，未免有些"矜夸"的味道，而且潜意识里也希望得到众臣的赞美。

这个时候，魏征发言了，他说："陛下这样当然很好，更好是能够保持下去，如果不能坚持不懈，现在高兴有点太早。"魏征这话听起来像是在赞美，实际上却是在针砭。这样寓贬于褒的进谏含蓄而巧妙，李世民虽然听出弦外之音，却也只能一笑置之。

像上文中那类平常的进谏，魏征都会讲究方式和方法；可是如果遇到涉及江山社稷的大事，魏征就顾不得给唐太宗留面子了，会当面指责他，在朝廷上争论。

贞观六年，群臣以炫耀皇上功德和显示国泰民安为由，请求太宗去泰山封禅，只有魏征表示反对。唐太宗问道："你不让我去泰山封禅，是认为我的功劳不高、德行不尊、中原未安、四夷未服、年谷未丰、祥瑞未至吗？"

　　魏征回答说："陛下虽然有以上'六德'，但也有不足：现在户口还没有完全恢复，中原地方人烟稀少，如此仅图虚名而实则受害的事，陛下为什么还要做呢？"不久，中原几个州县遭遇水灾，封禅之事就此终止。

　　魏征一生对李世民的谏言达两百余条，劝诫唐太宗以史为鉴，励精图治，任贤纳谏，"仁义"行事，这些谏言都被唐太宗——采纳，对开创千古称颂的"贞观之治"发挥了重大的作用。魏征的谏言中，有一段出自《荀子》的话被后人广为传颂——"君，舟也；人，水也。水能载舟，亦能覆舟！"

　　贞观十七年，魏征因病去世。李世民很伤感，发出了自己的感叹，这番话也得以永留青史，令无数后人感慨和深思——"夫以铜为镜，可以正衣冠；以古为镜，可以知兴替；以人为镜，可以明得失。朕常保此三镜，以防己过。今魏征殂逝，遂亡一镜矣！"

【评论】

　　唐太宗积极听取并采纳众臣的意见的做法，造就出魏征等一批勇于直言犯上的名臣，这才最终开创出后世称颂的"贞观之治"。

　　人最难认识的是自己。若要给自己一个准确的定位，就要以虚心的态度、冷静的眼光去审视自己。以人为镜，时刻以身边优秀的人为榜样，看到差距和不足，进而不断鞭策自己，才能实现自我提升与完善。

泰伯篇

子曰:"泰伯①,其可谓至德也已矣。三以天下让,民无得而称焉。"

【注释】

① 泰伯:周朝始祖古公亶父的长子,与周文王的父亲是同胞兄弟。据说因季历之子姬昌有圣瑞,所以他们的父亲有意让季历继位,以使王位传给姬昌。但是泰伯是长子,没有失德的行为,不能够轻易废黜,所以感到为难。泰伯得知后,就自动与弟弟仲雍一起跑到南方荆蛮之地,让出了王位。

【译文】

孔子说:"泰伯可以说是品德极高尚的了,几次把王位让给季历,老百姓都找不到合适的词句来称赞他。"

【原文】

子曰:"恭而无礼则劳;慎而无礼则葸①;勇而无礼则乱;直而无礼则绞②。君子笃③于亲,则民兴于仁。故旧不遗,则民不偷④。"

【注释】

① 葸(xǐ):拘谨,畏惧的样子。

② 绞:说话尖刻,出口伤人。

③ 笃:厚待、真诚。

④ 偷:淡薄。

【译文】

孔子说:"只是恭敬而不以礼来指导,就会徒劳无功;只是谨慎而不以礼来指导,就会畏缩拘谨;只是勇猛而不以礼来指导就会盲动闯祸;心直口快却不知礼就会说话尖刻刺人。在上位的人如果厚待自己的亲族,老百姓当中就会兴起仁的风气。君子如果不遗弃老朋友,老百姓就不会对人冷漠无情了。"

【原文】

曾子①有疾,召门弟子曰:"启②予足!启予手!诗云:'战战兢兢,如临深渊,如履薄冰。'而今而后,吾知免③夫,小子④!"

【注释】

① 曾子:即曾参。

② 启:此指掀开被子。

③ 免:指身体免于损伤。

④ 小子:对弟子的称呼。

【译文】

曾子有病,把他的学生召集到身边来,说道:"看看我的脚!看看我的手(看看有没有损伤)!《诗经》上说:'小心谨慎呀,好像站在深渊旁边,好像踩在薄冰上面。'从今以后,我知道我的身体不会受到损伤了,弟子们!"

【原文】

曾子有疾,孟敬子①问②之。曾子言曰:"鸟之将死,其鸣也哀;人之将死,其言也善。君子所贵乎道者三:动容貌,斯远暴慢③矣;正颜色,斯近信矣;出辞气,斯远鄙倍④矣。笾豆⑤之事,则有司⑥存。"

【注释】

① 孟敬子：鲁国大夫仲孙捷。

② 问：探望。

③ 暴慢：暴，粗暴无礼；慢，懈怠不敬。

④ 鄙倍：鄙，粗野。倍，同"背"，不合理。

⑤ 笾（biān）豆：指礼器，二者形状一样，笾是竹制，豆是木制。

⑥ 有司：指主管某一方面事务的官吏。

【译文】

曾子有病，孟敬子去看望他。曾子对他说："鸟快死了，它的叫声是悲哀的；人快死了，他说的话是善意的。君子所应当重视的道有三个方面：使自己的容貌庄重严肃，这样可以避免别人的粗暴、傲慢；使自己的脸色一本正经，这样就容易使人相信；使自己说话的言辞和语气谨慎小心，这样就可以避免粗野和悖理。至于祭祀和礼节仪式，自有主管这些事务的官吏来负责。"

【原文】

曾子曰："以能问于不能，以多问于寡；有若无，实若虚；犯而不校①。昔者吾友②尝从事于斯矣。"

【注释】

① 校（jiào）：同"较"，计较。

② 吾友：我的朋友，旧注上一般都认为这里指颜渊。

【译文】

曾子说："自己有才能却向没有才能的人请教，自己知识多却向知识少的人请教；有学问却像没学问一样，知识很充实却好像很空虚;被人冒犯也不计较——从前我的朋友就这样做过了。"

【原文】

曾子曰:"可以托六尺之孤①,可以寄百里之命②,临大节而不可夺也。君子人与? 君子人也。"

【注释】

① 托六尺之孤:孤,死去父亲的小孩叫孤。六尺指十五岁以下,古人以七尺为成年。托孤,受君主临终前的嘱托辅佐幼君。

② 寄百里之命:寄,寄托、委托。百里之命,指掌握国家政权和命运。

【译文】

曾子说:"可以把年幼的君主托付给他,可以把国家的政权托付给他,面临生死存亡的紧急关头而不动摇屈服。这样的人是君子吗? 是君子啊!"

【原文】

曾子曰:"士不可以不弘毅①,任重而道远。仁以为己任,不亦重乎? 死而后已,不亦远乎?"

【注释】

① 弘毅:弘,胸怀宽广。毅,意志坚强。

【译文】

曾子说:"读书人不可以不宽宏坚毅,因为他责任重大,道路遥远。把实现仁作为自己的责任,难道还不重大吗? 奋斗终生,死而后已,难道路程还不遥远吗?"

【原文】

子曰:"兴①于诗,立于礼,成于乐。"

【注释】

① 兴:开始。

【译文】

孔子说:"(人的修养)开始于学《诗》,自立于学礼,完成于学乐。"

【原文】

子曰:"民可使由之,不可使知之。"

【译文】

孔子说:"对于老百姓,只能使他们按照我们的意志去做,不能使他们懂得为什么要这样做。"

【原文】

子曰:"好勇疾贫,乱也。人而不仁,疾①之已甚,乱也。"

【注释】

① 疾:恨、憎恨。

【译文】

孔子说:"喜好勇敢而又恨自己太穷困,就会犯上作乱。对于不仁德的人痛恨得太严重,也会出乱子。"

【原文】

子曰:"如有周公之才之美,使骄且吝,其余不足观也已。"

【译文】

孔子说:"即使有周公那样美好的才能,如果骄傲自大而又吝啬小气,那其他方面也就不值得一看了。"

【原文】

子曰:"三年学,不至于谷①,不易得也。"

【注释】

① 至于谷:至,指意念所至。谷,古代以谷作为官吏的俸禄,这里用"谷"字代表做官。

【译文】

孔子说:"读书三年,并没有做官的念头,是难得的。"

【原文】

子曰:"笃信好学,守死善道。危邦不入,乱邦不居。天下有道则见①,无道则隐。邦有道,贫且贱焉,耻也;邦无道,富且贵焉,耻也。"

【注释】

① 见:同"现"。

【译文】

孔子说:"坚定信念并努力学习,誓死守卫并完善治国与为人的大道。不进入政局不稳的国家,不居住在动乱的国家。天下有道就出来做官;天下无道就隐居不出。国家有道而自己贫贱,是耻辱;国家无道而自己富贵,也是耻辱。"

【原文】

子曰:"不在其位,不谋其政。"

【译文】

孔子说:"不在那个职位上,就不考虑那职位上的事。"

【原文】

子曰:"师挚之始①,《关雎》之乱②,洋洋乎盈耳哉!"

【注释】

① 师挚之始:师挚是鲁国的太师。"始"是乐曲的开端,即序曲。古代奏乐,开端叫"升歌",一般由太师演奏,师挚是太师,所以这里说是"师挚之始"。

②《关雎》之乱:"始"是乐曲的开端,"乱"是乐曲的终了。"乱"是合奏乐。此时奏《关雎》乐章,所以叫"《关雎》之乱"。

【译文】

孔子说:"从太师挚演奏的序曲开始,到最后演奏《关雎》的结尾,丰富而优美的音乐在我耳边回荡。"

【原文】

子曰:"狂①而不直,侗而不愿②,悾悾③而不信,吾不知之矣。"

【注释】

① 狂:急躁、急进。

② 侗(tóng)而不愿:侗,幼稚无知。愿,谨慎。

③ 悾(kōng)悾:同"空"。

【译文】

孔子说:"狂妄而不正直,无知而不谨慎,无能而不守信用,我真不知道有的人为什么会是这个样子。"

【原文】

子曰:"学如不及,犹恐失之。"

【译文】

孔子说:"学习知识就像追赶不上那样,又担心会丢掉什么。"

【原文】

子曰:"巍巍①乎,舜禹之有天下也,而不与②焉。"

【注释】

① 巍巍:崇高、高大的样子。

② 与:占有、私有。

孔子说:"多么崇高啊! 舜和禹得到天下,却不占有它。"

【原文】

子曰:"大哉尧之为君也! 巍巍乎,唯天为大,唯尧则①之。荡荡②乎,民无能名③焉。巍巍乎,其有成功也,焕④乎,其有文章!"

【注释】

① 则:效法。

② 荡荡:广大的样子。

③ 名:形容、称说、称赞。

④ 焕:光辉。

【译文】

孔子说:"真伟大啊! 尧这样的君主。多么崇高啊! 只有天最高大,只有尧才能效法天的高大。(他的恩德)多么广大啊! 百姓们真不知道该用什么语言来表达对他的称赞。他的功绩多么崇高,他制订的礼仪制度多么光辉啊!"

【原文】

舜有臣五人①,而天下治。武王曰:"予有乱臣②十人。"孔子曰:"才难,不其然乎? 唐虞之际③,于斯④为盛,有妇人焉⑤,九人而已。三分天下有其二⑥,以服事殷,周之德,其可谓至德也已矣。"

【注释】

① 舜有臣五人:传说是禹、稷、契(xiè)、皋陶(yáo)、伯益等人。

② 乱臣：此处所说的"乱臣"，应为"治国之臣"。

③ 唐虞之际：传说尧在位的时代叫唐，舜在位的时代叫虞。

④ 斯：指周武王时期。

⑤ 有妇人焉：指武王的乱臣十人中有武王之妻邑姜。

⑥ 三分天下有其二：《逸周书·程典》篇中说："文王令六州之侯，奉勤于商。"相传当时分九州，文王得六州，是三分之二。

【译文】

舜有五位贤臣，就能治理好天下。周武王也说过："我有十个帮助我治理国家的臣子。"孔子说："人才难得，难道不是这样吗？唐尧和虞舜之间及周武王这个时期，人才是最盛的。但十个大臣当中有一个是妇女，实际上只有九个人而已。周文王得了天下的三分之二，仍然侍奉殷朝，周朝的德，可以说是最高的了。"

【原文】

子曰："禹，吾无间①然矣。菲饮食而致孝乎鬼神；恶衣服而致美乎黻冕②；卑③宫室而尽力乎沟洫④。禹，吾无间然矣。"

【注释】

① 间：空隙，此处用作动词，可译成非议、挑剔。

② 黻（fú）冕（miǎn）：祭祀时穿的礼服叫黻；祭祀时戴的帽子叫冕。

③ 卑：低矮。

④ 沟洫（xù）：沟渠。

【译文】

孔子说："对于禹，我没有什么可以挑剔的了。他的饮食很简单而尽力去孝敬鬼神；他平时穿的衣服很简朴，而祭祀时尽量穿得华美；他自己住的宫室很低矮，而致力于修治水利事宜。对于禹，我确实没有什么可挑剔的了。"

【故事】

鞠躬尽瘁，死而后已——三国名相诸葛亮

在国人心目中，诸葛亮是聪明的象征、智慧的化身，可谓大名鼎鼎、家喻户晓。他之所以给人们留下无所不能的印象，这要归功于小说《三国演义》对他的美化，尽管《三国演义》中的诸葛亮与历史事实中的诸葛亮有着很大的出入，但他确实是历史上一位杰出的政治家、军事家。更重要的是，他那崇高的品格也使后人为之深深折服——"鞠躬尽瘁，死而后已"是他一生的写照，他也成为后世不少名臣终生效仿的典范。

刘备对诸葛亮有知遇之恩，而诸葛亮对刘氏集团可谓忠心耿耿，用尽一生来匡复汉室。当初刘备在遭受过许多挫折之后，最后到荆州来投靠刘表。刘表对刘备很有戒心，所以只拨给他不多的人马，要他驻守新野。刘备是一个有政治抱负的人，思贤若渴。从徐庶那里知道诸葛亮的才学很高，便在其建议下亲自去拜访，结果跑了三次才见到他本人，这就是历史上被传为美谈的"三顾茅庐"。这一年诸葛亮二十七岁。

诸葛亮被刘备的诚心所感动，因而详细地向刘备分析了当时天下的形势。提出先取荆州为家，再取益州成鼎立之势，继而图取中原的战略构想，这就是有名的《隆中对》。事实证明，诸葛亮这一预见是非常准确的，以后刘备集团正是遵循这一战略方针，发展势力、建立蜀国。

公元208年，曹操率大军南下，占领荆州。此时的刘备集团已是岌岌可危，仅二十八岁的诸葛亮临危受命，出使东吴，凭借着自己超常的口才和外交才能说服孙权，建立了孙刘联盟，孙刘联军在赤壁以火攻计大败曹操。刘备乘胜占领荆州，又夺取益州，至此，三国鼎立的局面形成。但随着刘备的势力越来越大，东吴方面感到受到了威胁，孙刘联盟出现了裂隙。公元214年，关羽因大意而失掉荆州，被杀于麦城。

公元222年，刘备不顾反对，决定进攻东吴，下决心夺回荆州，为关羽报仇。刘备由于指挥失当，为吴将陆逊所败，退于白帝城。夷陵惨败，使刘备愧恨交加，加上军旅劳顿，刘备一病不起。诸葛亮紧急从成都赶到永乐宫，听病危中的刘备托付后事。

刘备道："我的儿子刘禅，你认为可以辅助，就辅助他；如果不值得辅助，你就可以取代他。"诸葛亮听了刘备的话，手足失措，流着眼泪保证说："我一定竭尽全力，尽忠到底，辅助太子到死。"

然而太子刘禅昏庸无能，诸葛亮审时度势，只能选择退守川中以自保。诸葛亮一直主张与东吴联合抗曹的战略方针，于公元223年派邓芝出使孙吴。双方经过谈判，孙权断绝和曹魏的关系，重新和蜀汉结成联盟。这次外交策略的成功，使诸葛亮获得了整顿内政、平定南中叛乱的有利条件。

当时，一些"西南夷"少数民族居住的南中四郡，除永昌外，其他三郡都发生了叛乱。公元225年，诸葛亮进军南中，深入不毛之地。诸葛亮采用马谡"攻心为上"的策略，俘虏叛军首领孟获便放他回去，再俘虏后又放走……这样一捉一放到第七次时，孟获终于心悦诚服，他说："我完全服从你了，我们今后再也不反叛了。"这就是历史上有名的"七擒孟获"。

诸葛亮任命孟获等少数民族首领为南中地区的官吏，这对拉拢少数民族上层、稳定南中的局势发挥了积极的作用。诸葛亮在世时，南中地区一直比较稳定，这也显示了诸葛亮卓越的政治才能。南中局势稳定以后，诸葛亮为实现刘备匡复汉室的遗愿，开始充实军备、练兵习武，准备在适当的时机北伐魏国。

公元226年，魏文帝曹丕病死，其子曹睿即位。消息传来，诸葛亮认为进攻曹魏的时机已到，便准备起兵北上。临行前，诸葛亮虽然对蜀汉的政务做了细致的调整和安排，但还是对庸碌无能的后主刘禅不放心，因此给刘禅上了一个奏章，这就是传诵千古的《前出师表》。

在《前出师表》中，诸葛亮除了陈述北伐的目的、表明统一中原的雄心外，更主要的是劝说刘禅励精图治，然后从执法、用人、纳谏等方面交代刘禅应当怎样做。这篇奏章集中反映了诸葛亮的政治思想，他希望在北伐时，这些思想能够在蜀汉得到贯彻执行。

公元227年春，诸葛亮领兵二十万进驻汉中，准备攻魏，由此开始了一共五次的伐魏战争。可是这次北伐，并没有完成就退兵回蜀了。过了一段时间，诸葛亮发动了第二次北伐，当时蜀国官员中有很多人反对，诸葛亮因此又上一表，剖析当时局势，指出蜀汉与曹魏势不两立，一定要北伐。这就是《后出师表》。《后出师表》中"鞠躬尽瘁，死而后已"成为人们常引用的一句成语。

前几次伐魏或因为部将不听指挥，或因为粮草不够，虽然局部取得了一些胜利，但未能取得彻底的成功。最后一次北伐是在公元234年，诸葛亮率领十万军队出斜谷，与司马懿所带领的魏国军队在五丈原对阵。

诸葛亮经常担心军粮供应不上，屯田于渭滨。蜀国与魏国的军队在五丈原相持了一百多天，期间诸葛亮多次派遣使者下战书，还送女人用的头巾、发饰给司马懿，试图激怒他，但司马懿忍辱据守不出。司马懿还从使者那里详细探听诸葛亮的饮食起居、政事处理，了解到诸葛亮事无巨细亲力亲为，因此病情加重。司马懿对人说，诸葛亮不能坚持多久了。为了安抚部下，司马懿派遣使者至合肥千里请战，以平息众将之怒。八月，诸葛亮病故于五丈原。

诸葛亮死后，大将姜维和杨仪按其生前布置，秘不发丧，整军从容撤退。司马懿听说诸葛亮已死，率军追赶，姜维令杨仪返旗鸣鼓，佯装回击。司马懿以为诸葛亮诈死引诱自己中计，急忙收兵，不敢逼近，于是蜀军安全回撤。百姓作谚语道："死诸葛走生仲达。"

诸葛亮几次伐魏无功，其主要原因是蜀国实力不足。但在他的领导下，蜀汉能与土地四倍于己、人口五倍于己的魏国抗衡多年，实在难能可贵。诸葛亮27岁出山辅佐刘备，而后27年尽忠蜀汉，将三顾之恩、托孤之情铭记在心，用"鞠躬尽瘁，死而后已"的实际行动报效了先帝，其精神为后世所敬仰。后世名人多有文句纪念，其中最著名的是杜甫所写的《蜀相》："三顾频烦天下计，两朝开济老臣心。出师未捷身先死，长使英雄泪满襟。"

【评论】

诸葛亮为报答知遇之恩、为完成自己的承诺，殚精竭虑，不负重托，其百折不挠的信心与勇气令后人敬仰。虽然诸葛亮最终未能实现政治宏愿，没能一统中华、恢复汉室，但他明知不可而为之的忠贞之心则永世长存，像一盏明灯般永照后人！

子罕篇

子罕篇

【原文】

　　子罕①言利，与②命，与仁。

【注释】

① 罕：稀少，很少。

② 与：赞同、肯定。

【译文】

孔子很少谈到功利，却赞成天命和仁德。

【原文】

　　达巷党人①曰："大哉孔子！博学而无所成名②。"子闻之，谓门弟子曰："吾何执？执御乎？执射乎？吾执御矣。"

【注释】

① 达巷党人：达巷，地名。党人，乡党、里巷之人。

② 无所成名：没有可以树立名声的专长。

【译文】

　　达巷这个地方有人说："孔子真伟大啊！他学问渊博，可惜不能以某一方面的专长来称赞他。"孔子听说了，对他的学生说："我要专长于哪个方面呢？驾车呢？还是射箭呢？我还是驾车吧！"

【原文】

　　子曰："麻冕①，礼也；今也纯②，俭③，吾从众。拜下④，礼也；今拜乎上⑤，泰⑥也。虽违众，吾从下。"

① 麻冕：麻布制成的礼帽。

② 纯：黑色的丝。

③ 俭：节省。麻冕费工，用丝则节省。

④ 拜下：大臣面见君主前，先在堂下跪拜，再到堂上跪拜。

⑤ 拜上：指臣见君免去先拜下之礼直接上堂拜谒。

⑥ 泰：这里指骄纵、傲慢。

【译文】

孔子说："用麻冕做礼帽是古礼的要求；现在大家都改用黑丝，比麻冕节省，我就随俗从众了。（觐见国君）必先在堂下跪拜，再到堂上跪拜是古礼的要求，现在竟然直接上堂拜谒，这就太过分了。所以虽有违众意，我依然遵从先在堂下行拜的古礼。"

【原文】

子绝四：毋意①，毋必，毋固，毋我。

【注释】

① 毋意：不凭空猜测。毋，通"无"。意，通"臆"，凭空猜测。

【译文】

孔子戒绝了四种毛病：不凭空猜测，不武断肯定，不固执己见，不自以为是。

【原文】

子畏于匡①，曰："文王既没，文不在兹乎？天之将丧斯文也，后死者②不得与于斯文也；天之未丧斯文也，匡人其如予何？"

【注释】

① 畏于匡：匡，地名，在今河南省长垣县西南。畏，围困。公元前496年，孔子从卫国到陈国时，经过匡地。匡人曾受到鲁国阳虎的掠夺和残杀。孔子的相貌与阳虎相像，匡人误以为孔子就是阳虎，所以将他围困。

② 后死者：孔子这里指自己。

【译文】

孔子被匡地的人们所围困时，他说："周文王死了以后，周朝的礼乐文化不都展现在我的身上了吗？上天如果想要消灭这种文化，那我就不可能掌握这种文化；上天如果不消灭这种文化，那么匡人又能把我怎么样呢？"

【原文】

太宰①问于子贡曰："夫子圣者与？何其多能也？"子贡曰："固天纵②之将圣，又多能也。"子闻之，曰："太宰知我乎？吾少也贱，故多能鄙事③。君子多乎哉？不多也。"

【注释】

① 太宰：官名，掌握国君宫廷事务。这里的太宰，有人说是吴国的太宰伯，但无法确认。

② 纵：使，让。

③ 鄙事：平常的技艺。

【译文】

太宰问子贡说："孔夫子是位圣人吧？为什么这样多才多艺呢？"子贡说："这本是上天让他成为圣人，而且使他多才多艺。"孔子听到后说:"太宰怎么会了解我呢?我因为少年时穷苦,所以学会许多平常的技艺。真正的君子会有这么多的技艺吗?是不会的。"

【原文】

牢①曰:"子云,'吾不试②,故艺'。"

【注释】

① 牢:孔子的学生。

② 试:用,被任用。

【译文】

子牢说:"孔子说过,'我没有去当官,所以会许多技艺'。"

【原文】

子曰:"吾有知乎哉?无知也。有鄙夫①问于我,空空②如也。我叩其两端而竭焉。"

【注释】

① 鄙夫:指乡下人。

② 空空:一无所知。

【译文】

孔子说:"我有知识吗?其实没有知识。有一个乡下人问我,我对他谈的问题本来一点也不知道,我只是从问题的两端去推究,尽我所能去回答。"

【原文】

子曰："凤鸟①不至,河不出图②,吾已矣夫!"

【注释】

① 凤鸟:传说中象征吉祥的神鸟,凤鸟出现便预示天下太平。

② 河:黄河。图:指八卦图。传说如有圣王出现,黄河中就有龙马背负八卦图出现。

【译文】

孔子说:"凤鸟不来了,黄河中也不出现八卦图了。我这一生也就完了吧!"

【原文】

子见齐衰①者,冕衣裳者②与瞽者③,见之,虽少,必作④;过之,必趋⑤。

【注释】

① 齐(zī)衰(cuī):丧服,古时用麻布制成。

② 冕衣裳者:冕,官帽;衣,上衣;裳,下服。冕衣裳统指官服。冕衣裳者指贵族。

③ 瞽(gǔ)者:盲人。

④ 作:站起来,表示敬意。

⑤ 趋:快步走,表示敬意。

【译文】

孔子遇见穿丧服的人、当官的人和盲人时,虽然他们年轻,孔子也一定要站起来,从他们面前经过时,一定要快步走过。

颜渊喟然①叹曰:"仰之弥②高,钻之弥坚,瞻之在前,忽焉在后。夫子循循然③善诱人,博我以文,约我以礼,欲罢不能,即竭吾才。如有所立,卓尔④。虽欲从之,末由⑤也已。"

【注释】

① 喟然:叹息的样子。

② 弥:更加,越发。

③ 循循然:有次序地。

④ 卓尔:高高直立的样子

⑤ 末由:末,无、没有。由,途径,路径。这里是没有办法的意思。

【译文】

颜渊感叹地说:"(对于老师的学问与道德,)我抬头仰望,越望越觉得高;我努力钻研,越钻研越觉得不可穷尽。看着它好像在前面,忽然又像在后面。老师善于一步一步地诱导我,用各种典籍来丰富我的知识,又用各种礼节来约束我的言行,使我想停止学习都不可能,直到我用尽了我的全力。好像有一个十分高大的东西立在我前面,虽然我想要追随上去,却没有前进的路径了。"

【原文】

子疾病,子路使门人为臣①。病间②,曰:"久矣哉,由之行诈也。无臣而为有臣。吾谁欺?欺天乎?且予与其死于臣之手也,无宁死于二三子之手乎?且予纵不得大葬③,予死于道路乎?"

147

【注释】

① 为臣：臣，指家臣，总管。孔子当时不是大夫，没有家臣，但子路叫门人充当孔子的家臣，准备由此人负责总管安葬孔子之事。

② 病间：病情减轻。

③ 大葬：指大夫的葬礼。

【译文】

孔子患了重病，子路派了（孔子的）门徒去做孔子的家臣（负责料理后事），后来，孔子的病好了一些，他说：“仲由很久以来就在做这种弄虚作假的事情。我明明没有家臣，却偏偏要装作有家臣，我骗谁呢？我骗上天吗？与其在家臣的侍候下死去，我宁可在你们这些学生的侍候下死去，这样不是更好吗？而且即使我不能以大夫之礼来安葬，难道就会被丢在路边没人埋吗？”

【原文】

子贡曰：“有美玉于斯，韫椟①而藏诸？求善贾②而沽③诸？”子曰：“沽之哉，沽之哉！我待贾者也。”

【注释】

① 韫（yùn）椟（dú）：韫，收藏。椟，柜子。

② 善贾：识货的商人。

③ 沽：卖出去。

【译文】

子贡说：“这里有一块美玉，是把它收藏在柜子里呢？还是找一个识货的商人卖掉呢？”孔子说：“卖掉吧！卖掉吧！我正在等着识货的人呢！”

子欲居九夷。或曰:"陋,如之何?"子曰:"君子居之,何陋之有?"

【译文】

孔子想要搬到九夷去居住。有人说:"那里非常落后,闭塞不开化,怎么能住呢?"孔子说:"有君子去住,就不闭塞落后了。"

【原文】

子曰:"吾自卫反鲁,然后乐正①,《雅》《颂》各得其所。"

【注释】

① 乐正:使音乐归正。

【译文】

孔子说:"我从卫国返回鲁国后,才使音乐得以订正,《雅》和《颂》各章才各得其所。"

【原文】

子曰:"出则事公卿,入则事父兄,丧事不敢不勉①,不为酒困,何有于我哉?"

【注释】

① 勉:尽力。

【译文】

孔子说:"在外侍奉公卿,在家孝敬父兄,有丧事不敢不尽力去办,不被酒所困扰,这些事我做到了哪些呢?"

【原文】

子在川上曰:"逝者如斯夫! 不舍昼夜。"

【译文】

孔子在河边说:"消逝的时光就像这河水一样啊! 不分昼夜地向前流去。"

【原文】

子曰:"吾未见好德如好色者也。"

【译文】

孔子说:"我没有见过像好色那样好德的人。"

【原文】

子曰:"譬如为山,未成一篑,止,吾止也;譬如平地,虽覆一篑[①],进,吾往也。

【注释】

① 篑:盛土的竹器。

孔子说:"就好像用土堆山,只差一筐土就完成了,这时停下来,那是我自己要停下来的;又好像平地上堆土成山,虽然只倒下一筐,这时继续前进,那是我自己要前进的。"

【原文】

子曰:"语之而不惰者,其回也与!"

【译文】

孔子说:"听我说话而能毫不懈怠的,只有颜回一个人吧!"

【原文】

子谓颜渊曰:"惜乎! 吾见其进也,未见其止也。"

【译文】

孔子谈到颜渊说:"可惜呀(他死了)! 我只见他不断前进,从来没有看见他停止过。"

【原文】

子曰:"苗而不秀①者有矣夫;秀而不实者有矣夫!"

【注释】

① 秀:庄稼吐穗扬花。

【译文】

孔子说："庄稼出了苗而不能吐穗扬花的情况是有的；吐穗扬花而不结果实的情况也有。"

【原文】

子曰："后生可畏，焉知来者之不如今也？四十、五十而无闻焉，斯亦不足畏也已。"

【译文】

孔子说："年轻人是值得敬畏的，怎么就知道后一代不如前一代呢？如果到了四五十岁时还默默无闻，那他就没有什么可以敬畏的了。"

【原文】

子曰："法语之言①，能无从乎？改之为贵。巽与之言②，能无说乎？绎③之为贵。说而不绎，从而不改，吾末如之何也已矣。"

【注释】

① 法语之言：合乎法则的话。

② 巽与之言：谦恭柔顺的话。巽，谦逊，恭敬。与，称许。

③ 绎：分析。

【译文】

孔子说："符合礼法的正言规劝，谁能不听从呢？但（只有按照它来）改正自己的错误才是可贵的。恭顺赞许的话，谁能听了不高兴呢？但只有认真推究它（的真伪是非），才是可贵的。只是高兴而不去分析，只是表示听从而不改正错误，（对这样的人）我拿他实在是没有办法了。"

子曰："主忠信。毋友不如己者，过，则勿惮改。"

【译文】

孔子说："要把忠和信作为人的根本，不要结交不如自己的人，有了过失不要害怕改正。"

子曰："三军可夺帅也，匹夫①不可夺志也。"

【注释】

① 匹夫：平民百姓。

【译文】

孔子说："一国军队，可以夺去它的主帅；但一个男子汉，他的志向是不能被强迫改变的。"

子曰："衣敝缊袍①，与衣狐貉②者立，而不耻者，其由也与！'不忮不求③，何用不臧④？'"子路终身诵之。子曰："是道也，何足以臧？"

【注释】

① 敝缊(yùn)袍：破烂的棉袍。

② 狐貉(hé)：指狐皮与貉皮制的皮袍。

③ 不忮(zhì)不求：不嫉妒不贪求。忮，嫉妒。

④ 何用不臧(zāng)：为什么不好呢？臧，善，好。这两句诗出自《诗经·邶风·雄雉》。

【译文】

孔子说："穿着破旧的棉袍，和穿着狐裘大衣的人站在一起，而不觉得耻辱的人恐怕只有仲由了吧！正如《诗经》所说：'不嫉妒，不贪求，有什么不好呢？'"子路便经常习诵这句话。孔子说："这只不过是做人的道理，怎么可以代表全面的美德呢？"

【原文】

子曰："岁寒，然后知松柏之后凋也。"

【译文】

孔子说："到了寒冷的季节，才知道松柏是最后凋落的。"

【原文】

子曰："知者不惑，仁者不忧，勇者不惧。"

【译文】

孔子说："聪明人不会迷惑，有仁德的人不会忧愁，勇敢的人不会畏惧。"

子曰："可与共学，未可与适道①；可与适道，未可与立；可与立，未可与权。"

【注释】

① 适道：适，往。这里是志于道、追求道的意思。

【译文】

孔子说："（人各有志，）能够共同学习的人，不一定能和他一起达到道的境界；能和他一起达到道的境界，但不一定能和他一起事事坚持道的原则。能和他一起坚持道的原则，也不一定能和他一起通权达变。"

"唐棣之华①，偏②其反而。岂不尔思③，室是远而④。"子曰："未之思也，夫何远之有？"

【注释】

① 唐棣：又作棠棣，一种树木。华：同"花"。
② 偏：通"翩"，随风摆动。
③ 岂不尔思：难道是我不思念你吗？
④ 室是远而：家离得远。这四句诗是逸诗，不知出处。

【译文】

（古诗中）说："唐棣花开啊！翩翩地摇曳啊！难道我就不思念你吗？只是家住得太远啊！"孔子说："他只是不去思念，如果真的思念，又有什么远的呢？"

【故事】

徐霞客志在四方

明朝末年，有一个小男孩，当时只有十岁，他读书时有感而笑，母亲问他笑什么，男孩回答说："全国有九州五岳，写这本书的人自己夸耀说已走完了八州，攀登了四岳。这个人的志向并不大，要是我，非要走完九州、攀登上五岳不可。"这个从小就志在四方的男孩就是明朝著名的地理学家徐霞客，他名弘祖，字振之，霞客是他的号，他是江苏江阴人。

徐霞客的祖先曾做过官。在明朝，知识分子要想当官，就要按照政府的规定读儒家经典四书五经，并参加考试。考试所作的文章叫"八股文"，它只讲形式、没有内容，文章的每个段落死守在固定的格式里面，连字数都有一定的限制，人们只是按照题目的字义敷衍成文。

大多数知识分子为了仕途，不得不走上死读经书、硬作八股文的道路，这样知识分子的思想就被紧紧地束缚住了。徐霞客也曾参加过科举考试，不过失败了。从此他决定不再走考试做官的道路，决心完成自己感兴趣的地理考察事业。

在当时能够有这样的抉择，是很了不起的，它意味着与当时流行的社会风俗决裂，这需要勇气和胆识，而且还要承受一些守旧之人的指责与讽刺。徐霞客坚定自己的志向，他的家人，特别是母亲给予了他很大的支持与鼓励。

徐霞客从小就喜欢阅读有关地理、历史和游历探险方面的书籍，渴望"问奇于名山大川"的惬意生活。徐霞客在科举考试失败之后，就专心攻读和研究地理方面的著作。他在阅读和学习时并不盲目相信经典,而是能够保持独立的思维。

他发现前人所著的一些作品,很多地方是转抄自较早的地理学著作,历代沿袭,很少有人进行实地的考察。这样就会出现有些地理著作记述错了,其后的著作却照抄照搬、以讹传讹的情况,错误的知识一代传一代。他对前人著作中存在的问题提出了大胆的怀疑。当他发现越研究出现的问题越多时,便决定亲自进行实地考察,以便弄清家国山河的真实情况。

在徐霞客十九岁那年,他的父亲去世了。这个时候的他虽然很想外出去寻访名山大川,但还是依从当时社会的道德规范"父母在,不远游",因为母亲还在,所以没有马上出游。他的母亲知书达理,鼓励儿子说:"男子汉大丈夫理应志在四方,你还是出外游历去吧!到天地之间去舒展胸怀,增长见识。别因为我在就留在家里而无所作为!"

母亲的话是这么有力,徐霞客听后特别激动,这才下定决心去远游。他头戴母亲做的远游冠,挑起单薄的行李就离开了家乡,从此开始了他伟大的人生历程。这一年,徐霞客仅仅二十二岁。自此,直到他五十五岁逝世,他的绝大部分时间都是在旅行考察中度过的。他用自己的行动印证了"好男儿志在四方"的道理。

徐霞客的游历考察生涯前后历经三十多年,在此期间,他先后四次进行了长距离的跋涉。他在完全没有官方资助的情况下,先后游历了东到浙江的普陀山、西到云南的腾冲、南到广西南宁一带、北至天津蓟县的盘山的广阔区域。当时的交通很不发达,徐霞客主要是靠自己的两条腿走,连骑马乘船都很少,还要自己背着行李。在这种条件下,能游历如此广阔的地区,着实令人赞叹与敬佩。

别说是过去,就是现在到荒凉的穷乡僻壤,或是人迹罕至的边疆地区去考察,也是很不容易的。他不躲避风雨,不惧怕虎狼,长风为朋友，云雾是伙伴，用野果充饥，拿清泉解渴。有好几次他的生命处于危险的境地，差点丧生，用"出生入死"这个词语来形容他实现人生目标的历程并不为过。不过从这一点中，我们正好可以感受到他献身大自然的决心有多么大，意志有多么坚强。

徐霞客在几十年的野外考察生涯中，养成一个良好的生活习惯，就是不管多么劳累，都要把当天的经历和观察仔细地记录下来。我们可以想象这样的场景：一个风尘仆仆的人，一天跋涉百余里，晚上寄居在荒村野寺之中，有时候到了荒无人烟的地方就只能露宿，他也要点起油灯或燃起篝火，坚持写游历日记。在这样艰苦的条件下，他先后写完了两百多万字的游记，这些纪录对于后人是非常珍贵的地理考察资料。

非常不幸的是，因为各种原因，他的日记大部分已经散佚，现在留世的《徐霞客游记》只是其记录的一小部分。但是这仅存的四十万字的《徐霞客游记》仍然展现了他广阔范围的考察纪实，也能够让后人了解古代边远地区的地理风貌。

徐霞客的考察探险活动一直持续到 1640 年，也就是他五十五岁的时候。当时他在云南身患重病，只得被人送回江阴老家，第二年便不幸去世了。综观徐霞客的一生，可以说，他把自己一生的时间与精力都献给了地理探险考察事业。

【评论】

孔子很重视立志，并经常询问自己学生的志向。人不可以没有志向，更不可丧失志气，一个没有志向和志气的人是可悲的。徐霞客志在四方的结晶是《徐霞客游记》，它被后人誉为"世间真文字、大文字、奇文字"。为了自己的志向，徐霞客克服了重重困难，最终圆梦，给后人树立了"读万卷书，行万里路"的好榜样。

乡党篇

【原文】

孔子于乡党,恂恂①如也,似不能言者。其在宗庙、朝廷,便便②言,唯谨尔。

【注释】

① 恂(xún)恂:温和恭顺。

② 便便:善于辞令。

【译文】

孔子在本乡的地方上显得很温和恭敬,像是不会说话的样子。但他在宗庙里、朝廷上,有话却能够明白流畅地说出,只是说得比较谨慎而已。

【原文】

朝,与下大夫言,侃侃①如也;与上大夫言,訚訚②如也。君在,踧踖③如也,与与④如也。

【注释】

① 侃侃:温和快乐的样子。

② 訚(yín)訚:和颜悦色而又能直言诤辩。

③ 踧(cù)踖(jí):恭敬而不安的样子。

④ 与与:小心谨慎、威仪适中的样子。

【译文】

孔子在上朝的时候,(国君还没有到来时,)与下大夫说话,温和而快乐的样子;与上大夫说话,正直而恭敬的样子。国君已来的时候,是恭敬而心中不安的样子,但又仪态适中。

君召使摈①,色勃如②也;足躩③如也。揖所与立,左右手,衣前后,襜④如也。趋进,翼如也。宾退,必复命曰:"宾不顾矣。"

【注释】

① 摈:陪同国君接见。
② 勃如:脸色变成庄重的样子。
③ 足躩(jué):脚步快。
④ 襜(chān):整齐的样子。

【译文】

国君召孔子去接待宾客,孔子脸色立即庄重起来,脚步也快起来。他向和他站在一起的人作揖,手向左或向右作揖,衣服前后摆动,却整齐不乱。快步走的时候,像鸟儿展开双翅一样。宾客走后,必定向君主回报说:"客人已经不回头了。"

【原文】

入公门,鞠躬如①也,如不容。立不中门,行不履阈②。过位,色勃如也,足躩如也,其言似不足者。摄齐③升堂,鞠躬如也,屏气似不息者。出,降一等,逞颜色,怡怡如也。没阶,趋进,翼如也。复其位,踧踖如也。

【注释】

① 鞠躬如:谨慎而恭敬的样子。

② 阈(yù):门槛。

③ 摄齐:提起衣服的下摆。

【译文】

孔子走进朝廷的大门,谨慎而恭敬的样子,好像没有他的容身之地。站,他不站在门的中间;走,也不踩门槛。经过国君的座位时,他脸色立刻庄重起来,脚步也加快起来,说话也好像中气不足一样。提起衣服下摆向堂上走的时候,恭敬谨慎的样子,憋住气好像不呼吸一样。退出来,走下台阶,脸色便舒展开了,怡然自得的样子。走完了台阶,快快地向前走几步,姿态像鸟儿展翅一样。回到自己的位置,是恭敬而不安的样子。

【原文】

执圭①,鞠躬如也,如不胜②。上如揖,下如授。勃如战色③,足蹜蹜④,如有循。享礼,有容色。私觌⑤,愉愉如也。

【注释】

① 圭:一种上圆下方的玉器,举行典礼时,不同身份的人拿着不同的圭。

② 不胜:承受不了。

③ 战色:战战兢兢的样子。

④ 蹜(sù)蹜:脚步小而急。

⑤ 觌(dí):会见。

【译文】

(孔子出使别的诸侯国)拿着圭,恭敬谨慎,像是举不起来的样子。向上举时好像在作揖,放在下面时好像是给人递东西。脸色庄重得像战栗的样子，步子很小，好像沿着一条直线往前走。在举行赠送礼物的仪式时，和颜悦色。和国君私下会见的时候，更轻松愉快了。

【原文】

君子不以绀缬饰①，红紫不以为亵服②。当暑，袗绤绤③，必表而出之。缁衣④，羔裘；素衣，麑裘；黄衣，狐裘。亵裘长，短右袂⑤。必有寝衣，长一身有半。狐貉之厚以居。去丧，无所不佩。非帷裳⑥，必杀⑦之。羔裘玄冠不以吊。吉月，必朝服而朝。

【注释】

① 绀缬饰：绀，青中透红的颜色；缬，黑中透红；饰，衣服的镶边，此处用作动词。

② 亵服：平时在家里穿的衣服。

③ 袗绤绤：袗，单衣，此处用作动词，意为单穿。绤，细葛布。绤，粗葛布。

④ 缁（zī）衣：黑色的衣服。

⑤ 袂（mèi）：袖子。

⑥ 帷裳：用整幅布做的礼服。

⑦ 杀：裁。

【译文】

君子不用深青透红或黑中透红的布镶边，不用红色或紫色的布做平常在家穿的衣服。夏天穿粗的或细的葛布单衣，但一定要套在内衣外面。黑色的羔羊皮袍，配黑色的罩衣。白色的鹿皮袍，配白色的罩衣。黄色的狐皮袍，配黄色的罩衣。平常在家穿的皮袍做得长一些,右边的袖子短一些。睡觉一定要有小被,要有一身半长。用狐貉的厚毛皮做坐垫。丧服期满,脱下丧服后,便佩戴上各式各样的装饰品。如果不是礼服,一定要加以剪裁。不穿着黑色的羔羊皮袍及戴着黑色的帽子去吊丧。每月初一,一定要穿着礼服去朝拜君主。

【原文】

齐①,必有明衣②,布。齐,必变食,居必迁坐。

【注释】

① 齐:同"斋"。

② 明衣:斋前沐浴后穿的浴衣。

【译文】

斋戒沐浴的时候,一定要有浴衣,用布做的。斋戒的时候,一定要改变平常的饮食,居住也必须改变往常的寝室。

【原文】

食不厌精①,脍②不厌细。食饐而餲③,鱼馁④而肉败,不食。色恶,不食。臭⑤恶,不食。失饪,不食。不时,不食。割不正,不食。不得其酱,不食。肉虽多,不使胜食气⑥。惟酒无量,不及乱⑦。沽酒市脯⑧不食。不撤姜食,不多食。

【注释】

① 精:米舂得很精细。

② 脍:切细的鱼、肉。

③ 饐:食物放置时间长了。餲:变味了。

④ 馁：鱼腐烂。

⑤ 臭：气味。

⑥ 气（xì）：同"饩"，即粮食。

⑦ 乱，指酒醉。

⑧ 脯：熟肉干。

【译文】

粮食不嫌舂得精，鱼和肉不嫌切得细。粮食陈旧和变味了，鱼和肉腐烂了，都不吃。食物的颜色变了，不吃。气味变了，不吃。烹调不当，不吃。不到该食用的时候，不吃。不是按照一定方法分割的肉，不吃。佐料放得不适当，不吃。席上的肉虽多，但吃的量不超过米面的量。只有酒没有限制，但不喝醉。从市上买来的肉干和酒，不吃。每餐必须有姜，但也不多吃。

【原文】

祭于公，不宿肉①，祭肉不出三日。出三日，不食之矣。

【注释】

① 不宿肉：不使肉过夜。

【译文】

孔子参加国君祭祀典礼时分到的肉，不能留到第二天。其他祭祀用过的肉不超过三天。超过三天，就不吃了。

【原文】

食不语，寝不言。

【译文】

吃饭的时候不交谈，睡觉的时候也不说话。

【原文】

虽疏食菜羹，瓜祭①，必齐如也。

【注释】

① 瓜祭：古人在吃饭前，把席上各种食品分出少许，放在食具之间祭祖。

【译文】

即使是粗米饭蔬菜汤，吃饭前也要把它们取出一些来祭祖，而且表情要像斋戒时那样严肃恭敬。

【原文】

席①不正，不坐。

【注释】

① 席：古代没有椅子和桌子，都坐在铺于地面的席子上。

【译文】

席子放得不合礼制，不坐。

【原文】

乡人饮酒①，杖者②出，斯出矣。

① 乡人饮酒:指当时的乡饮酒礼。

② 杖者:拄杖的人,指老年人。

【译文】

行乡饮酒的礼仪结束后,一定要等老年人先出去,然后自己才出去。

【原文】

乡人傩①,朝服而立于阼阶②。

【注释】

① 傩:古代迎神驱鬼的宗教仪式。

② 阼(zuò)阶:东面的台阶。主人站在大堂东面的台阶上,在这里欢迎客人。

【译文】

乡里人举行迎神驱鬼的宗教仪式时,(孔子)穿着朝服站在东边的台阶上。

【原文】

问人于他邦,再拜而送之。

【译文】

托人向在其他诸侯国的朋友问候送礼,便向受托者拜两次送行。

【原文】

康子馈药，拜而受之。曰："丘未达，不敢尝。"

【译文】

季康子给孔子赠送药品，孔子拜谢之后接受了，说："我对药性不了解，不敢试服。"

【原文】

厩焚。子退朝，曰："伤人乎?"不问马。

【译文】

马棚失火烧掉了。孔子退朝回来，问："伤人了吗?"不问马的情况怎么样。

【原文】

君赐食，必正席先尝之。君赐腥，必熟而荐①之。君赐生，必畜之。侍食于君，君祭，先饭。

【注释】

① 荐：供奉。

【译文】

国君赐给熟食，孔子一定摆正座席先尝一尝。国君赐给生肉，一定煮熟了，先给祖宗上供。国君赐给活物，一定要饲养起来。与国君一道吃饭，在国君举行饭前祭礼的时候，自己先吃饭(不吃菜)。

疾，君视之，东首^①，加朝服，拖绅^②。

【注释】

① 东首：头朝东。

② 绅：束在腰间的大带子。

【译文】

孔子病了，国君来探视，他便头朝东躺着，身上盖上朝服，拖着大带子。

【原文】

君命召，不俟驾行矣。

【译文】

国君召见（孔子），他不等车马驾好就先步行走去了。

【原文】

入大庙，每事问。

【译文】

进了太庙，每件事情都询问。

【原文】

朋友死，无所归，曰："于我殡^①。"

【注释】

① 殡：停放灵柩和埋葬都可以叫殡，这里泛指丧葬事务。

【译文】

（孔子的）朋友死了，没有亲属负责殓埋，孔子说："丧事由我来办吧！"

【原文】

朋友之馈，虽车马，非祭肉，不拜。

【译文】

朋友馈赠物品，即使是车马，只要不是祭肉，（孔子在接受时）也是不拜的。

【原文】

寝不尸，居不客。

【译文】

（孔子）睡觉不像死尸一样挺着，平日家居也不像做客或接待客人时那样庄重严肃。

见齐衰者,虽狎①,必变。见冕者与瞽者,虽亵②,必以貌。凶服者式③之。式负版者④。有盛馔,必变色而作。迅雷风烈必变。

【注释】

① 狎:亲近的意思。

② 亵:熟悉。

③ 式:同"轼",古代车辆前部的横木。这里作动词用。

④ 负版者:为官府传送文书的人。

【译文】

(孔子)看见穿丧服的人,即使是关系很亲密的,也一定要把态度变得严肃起来。看见当官的和盲人,即使是常在一起的,也一定要有礼貌。在乘车时遇见穿丧服的人,便把手扶在车前横木上(以示同情)。遇见背负国家图籍的人,也这样做(以示敬意)。(做客时)如果有丰盛的筵席,就神色一变,并站起来致谢。遇见迅雷大风,一定要改变神色(以示对上天的敬畏)。

【原文】

升车,必正立,执绥①。车中,不内顾,不疾言,不亲指。

【注释】

① 绥(suí):上车时扶手用的绳索。

【译文】

上车时,一定先直立站好,然后拉着扶手带上车。在车上,不回头,不高声说话,不用自己的手指指点点。

【原文】

色斯举①矣,翔而后集。曰:"山梁雌雉,时哉时哉!"子路共②之,三嗅③而作。

【注释】

① 举:鸟飞起来。

② 共:同"拱"。

③ 嗅:应为狊字之误,意思是鸟张开两翅。

【译文】

(孔子在山谷中行走,看见几只野鸡。)孔子神色动了一下,野鸡飞翔了一阵落在一处。孔子说:"这些山梁上的母野鸡,得其时呀!得其时呀!"子路向它们拱拱手,野鸡便叫了几声飞走了。

【故事】

一根铁钉的价值

一根铁钉实在是平凡至极,在很多人眼中没有什么价值,而下面的故事却能说明一根铁钉的价值是何其大。

在英国民间流传着这样一首歌谣:缺了一根铁钉,掉了一只马掌;掉了一只马掌,失去一匹战马;失去一匹战马,损了一位骑兵;损了一位骑兵,丢了一次战斗;丢了一次战斗,输掉一场战役;输掉一场战役,毁了一个王朝。

这首歌谣完整地叙述了一场战争的过程和结果,它反映的是战场上的一个真实事件。

这个故事发生在公元 1485 年，英国的里奇蒙德伯爵想要争夺王位，当时的国王当然要极力镇压，就决定派兵征讨。双方心里都清楚胜败在此一举，这场战争的结果关乎他们的命运，赢了的一方才有资格戴上大英帝国的王冠，而另一方只能沦为阶下囚。决战马上就要开始了，气氛非常紧张，战斗双方剑拔弩张，都在精心准备。

就在决战开始的前一天，国王发布了紧急命令，要求全军将士严整军容，并要把所有的战斗工具调整到最好的状态。例如，要确保有足够的盾牌和长矛，要使自己的钢刀更加锋利，要使自己的战马更加勇往直前等。在战役中担任国王御用马夫的是一个叫杰克的小伙子。他牵着国王最钟爱的战马到了铁匠铺，要铁匠为它钉上马掌。

钉马掌只是一件工作，平常做这种工作的人是赚不了多少钱的，不过，因为最近战事频繁，铁匠铺的生意非常好。杰克牵着国王的马来到铁匠铺，铁匠以为只是一个平凡的马夫，对他就有些怠慢。作为国王的马夫，杰克当然容不得这种轻视，于是他端起架子，语句傲慢地对铁匠说："快点给这匹马钉掌！这是一匹即将立下伟大战功的马。你知道这匹马的主人是谁吗？我告诉你，这可是国王的战马，明天国王就要骑着它打败里奇蒙德伯爵。"铁匠听完杰克的话，再也不敢怠慢眼前的小马夫了，他赶紧把马牵到棚子里开始为它钉马掌。

在钉马掌的这一刻，铁匠突然发现手中的铁片不够了，于是告诉马夫需要等一会儿，自己要到仓库寻找能用于钉马掌的铁片。可是马夫杰克却很不耐烦地说："我可没有那么多时间等你，里奇蒙德伯爵率领的军队正在一步一步地向我们逼近，耽误了战斗，无论是你还是我都承担不起责任。"看到铁匠愁眉苦脸的样子，他又说："你不可以随便找一些其他的东西来代替那种铁片吗？难道在你偌大个铁匠铺里就

173

找不到这样一些东西吗?"杰克的话提醒了铁匠,他找到一根铁条,将其横截后,正好可以当铁片用。铁片的问题终于解决了。

铁匠仔细地将这些铁片钉在了战马的脚掌上,可是就在他钉完第三个马掌的时候,又发现了新问题——钉马掌用的钉子用完了。这不能怪铁匠储备的东西不够丰富,实在是战争中需要用的铁制工具太多了。铁匠只好请求马夫再等一会儿,等自己砸好铁钉再把马掌钉好。

马夫杰克实在是等不及了,让铁匠再凑合凑合得了。铁匠告诉他恐怕不牢固,但马夫坚持不再等了。这匹战马就这样带着一个缺少了钉子的马掌离开铁匠铺,载着国王冲到了战斗的最前端。杰克认为给马钉掌是一件小事情,正是他的疏忽,改变了战争的进程和结局。

激烈的战斗结束了,故事的结果与那首歌谣所唱的一样。国王在决战中骑着战马冲锋时,没有钉牢的马掌忽然掉落,使战马受惊翻倒,国王也滚下了马鞍,被伯爵的士兵活活擒住,这场战役以国王的彻底失败而告终。

从战斗双方的实力来看,结果出人意料;但是从马夫对钉马掌的态度上看,又可以理解。一个有实力的庞大王朝,就这样被一根小小的铁钉毁掉了。站在国王的角度上,不得不为他的命运感慨。这个故事也再次印证了"因小失大"、"千里之堤,溃于蚁穴"的教训。

【评论】

在日常生活中,很多人都会犯下忽略细节的错误。一些人以"成大事者不必拘小节"之类的话来为自己寻求解脱,觉得顾及不到一些细节实在是理所当然。其实"千里之行始于足下",任何伟大事业的成功都是由无数个不起眼的细节累积而成的。我们要养成关注细节的习惯,心怀防微杜渐的意识,这样我们就能够离成功更近。

先进篇

【原文】

子曰:"先进①于礼乐,野人②也;后进②于礼乐,君子也。如用之,则吾从先进。"

【注释】

① 先进:指先学习礼乐而后再做官的人。

② 野人:朴素粗鲁的人或指乡野平民。

③ 后进:先做官后学习礼乐的人。

【译文】

孔子说:"先学习礼乐而后再做官的人,是(原来没有爵禄的)平民;先当了官然后再学习礼乐的人,是君子。如果要选用人才,那我主张选用先学习礼乐的人。"

【原文】

子曰:"从我于陈、蔡①者,皆不及门②也。"

【注释】

① 陈、蔡:均为国名。

② 不及门:门,这里指受教的场所。不及门,是说不在面前受教。

【译文】

孔子说:"曾跟随我从陈国到蔡地去的学生,现在都不在我身边受教了。"

【原文】

德行①：颜渊、闵子骞、冉伯牛、仲弓。言语②：宰我、子贡。政事③：冉有、季路。文学④：子游、子夏。

【注释】

① 德行：指能实行孝悌、忠恕等道德。

② 言语：指善于辞令，能办理外交事宜。

③ 政事：指能从事政治事务。

④ 文学：指通晓诗书礼乐等古代文献。

【译文】

德行好的有：颜渊、闵子骞、冉伯牛、仲弓。善于辞令的有：宰我、子贡。擅长政事的有：冉有、季路。通晓文献知识的有：子游、子夏。

【原文】

子曰："回也，非助我者也，于吾言，无所不说。"

【译文】

孔子说："颜回不是对我有帮助的人，他对我说的话没有不心悦诚服的。"

【原文】

子曰："孝哉闵子骞！人不间①于其父母昆弟之言。"

【注释】

① 间:间隙,这里有挑剔、批评的意思。

【译文】

孔子说:"闵子骞真是孝顺呀！人们从不怀疑他父母和兄弟称赞他的话。"

【原文】

南容三复白圭①,孔子以其兄之子妻之。

【注释】

① 白圭:指《诗经·大雅·抑》的诗句:"白圭之玷,尚可磨也。斯言之玷,不可为也。"意思是白玉上的污点还可以磨掉,我们言论中有毛病,就无法挽回了。这是告诫人们要谨慎自己的言语。

【译文】

南容反复诵读《诗经》中的诗句:"白圭之玷,尚可磨也;斯言不玷,不可为也。"孔子把侄女嫁给了他。

【原文】

季康子问:"弟子孰为好学?"孔子对曰:"有颜回者好学,不幸短命死矣,今也则亡。"

【译文】

季康子问孔子:"你的学生中谁是好学的?"孔子回答说:"有一个叫颜回的学生很好学,不幸短命死了。现在再也没有像他那样的人了。"

颜渊死,颜路请子之车以为之椁①。子曰:"才不才,亦各言其子也。鲤②也死,有棺而无椁。吾不徒行,以为之椁,以吾从大夫之后③,不可徒行也!"

【注释】

① 颜路:颜回的父亲。名无繇,字路,也是孔子的学生,小孔子六岁。椁(guǒ):古代有地位的人的棺木多是两层,里层的叫"棺",外层的叫"椁"。

② 鲤:孔子的儿子,字伯鱼。孔鲤五十岁死,当时孔子七十岁。

③ 从大夫之后:跟随在大夫行列之后,意即当过大夫。孔子曾在鲁国当过司寇,此时虽已不在位,但应属大夫之列。按礼制,大夫出门必须乘车。

【译文】

颜渊死了,他的父亲颜路请求孔子把车子卖掉给颜回买个外椁。孔子说:"不管有才华还是没有才华,都是各人自己的儿子呀!(我的儿子)孔鲤死了,也只有内棺而没有外椁。我不能(卖掉车子)徒步行走来为他买外椁,因为我也曾做过大夫,是不可以步行的呀!"

【原文】

颜渊死,子曰:"噫!天丧予!天丧予!"

【译文】

颜渊死了,孔子说:"唉! 是老天爷真要我的命呀! 是老天爷真要我的命呀!"

【原文】

颜渊死,子哭之恸。从者曰:"子恸矣。"曰:"有恸乎? 非夫人①之为恸而谁为?"

【注释】

① 夫人:这个人。

【译文】

颜渊死了,孔子哭得极其悲痛。跟随孔子的人说:"您悲痛过度了!"孔子说:"是悲伤过度了吗? 我不为这个人悲伤过度,又为谁呢?"

【原文】

颜渊死,门人欲厚葬之,子曰:"不可。"门人厚葬之。子曰:"回也视予犹父也,予不得视犹子也。非我也,夫二三子也。"

【译文】

颜渊死了,孔子的学生们想要隆重地安葬他。孔子说:"不能这样做。"学生们仍然隆重地安葬了他。孔子说:"颜回把我当父亲一样看待,我却不能把他当亲生儿子一样看待。这不是我的过错,是那些学生们做的呀!"

【原文】

季路问事鬼神。子曰:"未能事人,焉能事鬼?"曰:"敢问死。"曰:"未知生,焉知死?"

【译文】

季路问怎样去侍奉鬼神。孔子说:"没能侍奉好人,怎么能侍奉鬼神呢?"季路说:"我大胆地请问死是怎么回事?"(孔子回答)说:"还不知道活着的道理,怎么能知道死呢?"

【原文】

闵子侍侧,訚訚①如也;子路,行行②如也;冉有、子贡,侃侃如也。子乐。"若由也,不得其死然。"

【注释】

① 訚訚:和颜悦色的样子。

② 行行:刚强的样子。

【译文】

闵子骞侍立在孔子身旁,一派和悦而温顺的样子;子路是一副刚强的样子;冉有、子贡是温和快乐的样子。孔子高兴了。但孔子又说:"像仲由这样,只怕不得好死吧!"

【原文】

鲁人为长府①。闵子骞曰:"仍旧贯②,如之何? 何必改作?"子曰:"夫人不言,言必有中。"

【注释】

① 鲁人:指鲁国的执政大臣。长府:鲁国储藏财货的国库名。

② 仍旧贯:沿袭旧规则。

【译文】

鲁国翻修长府的国库。闵子骞道:"照老样子下去,怎么样?何必改建呢?"孔子道:"这个人平日不大开口,一开口就说到要害上。"

【原文】

子曰:"由之瑟①,奚为于丘之门?"门人不敬子路。子曰:"由也升堂矣,未入于室②也。"

【注释】

① 瑟:古代乐器,与古琴相似。这里指弹瑟,名词活用作动词。

② 堂:正厅。室:内室。入门后先升堂,最后到内室。用此表示做学问的几个阶段。

【译文】

孔子说:"仲由所弹之瑟,为什么要在我的门下呢?"学生们因此而轻慢子路。于是孔子又说:"仲由的学问也已经达到了升堂的程度,只是还没有入室罢了。"

【原文】

子贡问:"师与商①也孰贤?"子曰:"师也过,商也不及。"曰:"然则师愈②与?"子曰:"过犹不及。"

① 师：姓颛孙，名师，字子张。春秋末陈国阳城（今河南淮阳）人，小孔子48岁。商：姓卜，名商，字子夏。春秋末卫国人，小孔子44岁。

② 愈：胜过，更好。

【译文】

子贡问："子张和子夏，哪一个的品行好一些？"孔子说："子张有些偏激过分，子夏有些消极不足。"子贡说："那么说子张要好一些了？"孔子说："办事情偏激过分和消极不足同样不好。"

【原文】

季氏富于周公①，而求也为之聚敛而附益之。子曰："非吾徒也。小子鸣鼓而攻之可也。"

【注释】

① 周公：泛指在周天子左右任职的周王室同族公侯。

【译文】

季氏比周朝的公侯还要富有，而冉求还帮他搜刮来增加他的钱财。孔子说："他不是我的学生了，你们可以大张旗鼓地去攻击他！"

【原文】

柴①也愚，参也鲁②，师也辟③，由也喭④。

【注释】

① 柴：姓高，名柴，字子羔。孔子的学生。

② 鲁:迟钝,钝拙。

③ 辟:偏激。

④ 喭(yàn):鲁莽,莽撞。

【译文】

高柴愚直,曾参迟钝,颛孙师偏激,仲由鲁莽。

【原文】

子曰:"回也其庶①乎! 屡空。赐不受命,而货殖②焉,亿③则屡中。"

【注释】

① 庶:庶几,差不多。

② 货殖:做买卖。

③ 亿:同"臆",猜测,估计。

【译文】

孔子说:"颜回的学问道德接近于完善了吧! 可是他常常贫困。端木赐不听命运的安排,去做买卖,猜测行情,往往猜中了。"

【原文】

子张问善人之道,子曰:"不践迹①,亦不入于室。"

【注释】

① 践迹:迹,脚印。踩着前人的脚印走。

子张问做善人的方法。孔子说："如果不沿着前人的脚印走,其学问和修养就不到家。"

【原文】

子曰:"论笃是与^①,君子者乎? 色庄者乎?"

【注释】

① 与:赞许。

【译文】

孔子说:"听到人议论笃实诚恳就表示赞许,但还应看他是真君子呢,还是伪装成庄重的人呢?"

【原文】

子路问:"闻斯行诸?"子曰:"有父兄在,如之何其闻斯行之?"冉有问:"闻斯行诸?"子曰:"闻斯行之。"公西华曰:"由也问闻斯行诸,子曰,'有父兄在';求也问闻斯行诸,子曰,'闻斯行之'。赤也惑,敢问。"子曰:"求也退,故进之;由也兼人^①,故退之。"

【注释】

① 兼人:一个人做两个人的事情,喻好胜。

【译文】

子路问:"听到了就行动起来吗?"孔子说:"有父兄在,怎么能听到就行动起来呢?"冉有问:"听到了就行动起来吗?"孔子说:"听到了就行动起来。"公西华说:"仲由问'听到了就行动起来吗',你回答说'有父兄健在';冉求问'听到了就行动起来吗',你回答'听到了就行动起来'。我被弄糊涂了,敢再问个明白。"孔子说:"冉求总是退缩,所以我鼓励他;仲由好勇过人,所以我约束他。"

【原文】

子畏于匡,颜渊后。子曰:"吾以女为死矣!"曰:"子在,回何敢死?"

【译文】

孔子在匡地受到当地人围困,颜渊最后才逃出来。孔子说:"我以为你已经死了呢!"颜渊说:"夫子还活着,我怎么敢死呢?"

【原文】

季子然①问:"仲由、冉求可谓大臣与?"子曰:"吾以子为异之问,曾由与求之问。所谓大臣者,以道事君,不可则止。今由与求也,可谓具臣矣。"曰:"然则从之者与?"子曰:"弑父与君,亦不从也。"

【注释】

① 季子然:鲁国大夫季氏的同族人。

【译文】

季子然问孔子:"仲由和冉求可以算是大臣吗?"孔子说:"我以为你问谁呢!原来是问仲由和冉求啊!所谓大臣,应该用正道侍奉君主,如果行不通,宁可辞职不干。现在仲由和冉求,可以说是具有相当才能的臣子了。"季子然说："如此说来，他们会都听从季氏的吗？"孔子说："杀父、杀君的事，他们也不会跟着做的。"

【原文】

子路使子羔为费宰。子曰："贼①夫人之子。"子路曰："有民人焉，有社稷②焉，何必读书，然后为学？"子曰："是故恶夫佞者。"

【注释】

① 贼：为害。

② 社稷(jì)：社，土神。稷，谷神。后"社稷"成为国家政权的象征。这里指季氏封邑的政权机构。

【译文】

子路推荐子羔去做费地的长官。孔子说："这简直是害人子弟。"子路说："那个地方有百姓，可以管理土地和五谷，何必一定要读书才能叫作学习呢？"孔子说："所以呀，我讨厌巧语强辩的人。"

【原文】

子路、曾皙①、冉有、公西华侍坐。子曰："以吾一日②长乎尔，毋吾以也。居③则曰：'不吾知也！'如或知尔，则何以哉？"

子路率尔④而对曰："千乘⑤之国，摄⑥乎大国之间，加之以师旅，因之以饥馑⑦，由也为之，比及⑧三年，可使有勇，且知方⑨也。"夫子哂⑩之。

"求！尔何如？"对曰："方六七十，如五六十，求也为之，比及三年，可使足民。如其礼乐，以俟君子。"

"赤！尔何如?"对曰:"非曰能之,愿学焉。宗庙之事,如会同⑪,端章甫⑫,愿为小相焉。"

"点！尔何如?"鼓瑟希⑬,铿尔,舍瑟而作,对曰:"异乎三子者之撰⑭。"

子曰:"何伤乎? 亦各言其志也。"

曰:"莫⑮春者,春服既成,冠者⑯五六人,童子六七人,浴乎沂,风乎舞雩⑰,咏而归。"

夫子喟然叹曰:"吾与点也!"

三子者出,曾晳后。曾晳曰:"夫三子者之言何如?"子曰:"亦各言其志也已矣。"

曰:"夫子何哂由也?"曰:"为国以礼,其言不让,是故哂之。"

"唯求则非邦也与?""安见方六七十,如五六十,而非邦也者?"

"唯赤则非邦也与?""宗庙会同,非诸侯而何? 赤也为之小,孰能为之大!"

【注释】

① 曾晳:姓曾,名点,字晳,曾参的父亲。

② 一日:比喻年岁相差之短,是谦逊的说法。

③ 居:平常。

④ 率尔:轻率。

⑤ 千乘(shèng)之国:拥有一千辆兵车的国家。古时一车四马为"一乘"。能出车千乘的国家,在当时是一个中等诸侯国。

⑥ 摄:含有局促、受制约的意思。

⑦ 饥馑(jǐn):谷不熟为"饥",果蔬不熟为"馑"。

⑧ 比及：等到。

⑨ 方：方向。这里指辨别是非的道理。

⑩ 哂：微笑。这里略含讥讽的意思。

⑪ 如会同：或者在诸侯的盟会典礼中。如，或者。会同：诸侯盟会。

⑫ 端章甫：穿着礼服，戴着礼帽。端，礼服。章甫：礼帽。这里都是名词活用作动词。

⑬ 希：通"稀"。指弹瑟的速度放慢，节奏逐渐稀疏。

⑭ 撰：此处指想法、内容。

⑮ 莫：同"暮"。

⑯ 冠者：古代男子二十岁时要举行冠礼，束发、加帽，表示成人。"冠者"指成年人。

⑰ 舞雩（yú）：鲁国祭天求雨的地方，设有坛，在今山东曲阜县南。

【译文】

子路、曾皙、冉有、公西华四个弟子陪孔子闲坐着。孔子说："因为我的年岁稍长些，没有人用我了。你们平时常说：'没有人了解我呀！'假如有人了解你们（任用你们），你们打算怎么做呢？"

子路不假思索地回答说："假设有一个拥有一千辆兵车的国家，夹在几个大国之间，外有大国军队的侵犯，而国内又遭受饥荒，如果让我去治理的话，只需三年，就可以使这个国家人人勇敢善战，而且明白义理法度。"

孔子笑了一下（又问）："冉求！你怎么样？"

冉求回答说："一个方圆六七十里，或者五六十里的小地方，如果让我去治理，不用三年，就可以使百姓衣食丰足。至于礼乐教化，那就有待贤人君子了。"

（孔子又问:)"公西赤! 你呢?"

公西华回答说:"我不敢说自己能够做到,只是愿意学着做,比如在宗庙祭祀活动中,或者在诸侯的盟会典礼上,我愿意穿着礼服,戴着礼帽,做一个小小的赞礼的傧相。"

（孔子又问:)"曾点! 你怎么样?"

曾皙将弹瑟的速度放慢,随即"铿"的一声,戛然而止。曾皙站了起来说:"我的想法和他们三位所讲的不同。"

孔子说:"那有什么关系呢? 也不过是各人说说自己的志向啊!"

曾皙便说:"暮春三月,春装也都有了,不妨邀约五六位成年人,带着六七位少年,去沂河里沐浴一番,再到舞雩台上吹吹风,然后一路歌唱而归。"

孔子深有感触地感叹说:"我赞成曾点的想法呀!"

子路、冉有、公西华三人都出去了。曾皙留在后面。他问孔子说:"他们三位的话怎么样?"

孔子说:"也不过是各人说说自己的志向罢了。"

曾皙又问:"您为什么笑仲由呢?"

孔子说:"治理国家应该讲求礼貌谦让,他的话却一点也不谦让,所以我笑他。"

（曾皙又问:)"难道冉求所讲的就不是治理国家的大事吗?"

（孔子说:)"怎样见得方圆六七十里,或者五六十里的地方就不算一个国家呢?"

（曾皙又问:)"公西赤所讲的不是国家吗?"

（孔子说:)"有国家的宗庙祭祀,又有同别的诸侯国的盟会,这不是诸侯国是什么呢? 如果公西赤只是做一个小赞礼人,那么又有谁能做大赞礼人呢?"

伊尹的中庸之道

伊尹，因为史料记载不清，因此具体的生卒年不详。不过可以确定他是商朝初期的大臣，出身很卑微。因为他的母亲在伊水居住，于是就以伊为氏。

尹为官名，甲骨卜辞中称他为伊，金文则称为伊小臣。在出仕之前，伊尹从事农业劳作。传说他为了见到商汤，使自己成为陪嫁之臣来到商汤身边。商汤起先任用他为"小臣"，后来他为汤重用。商汤非常信任伊尹，把国家的政事都交给他，伊尹也不负众望，最终帮助商汤灭掉了夏王朝。

汤死后，伊尹又先后辅佐了卜丙、仲壬两任国君；仲壬死了以后，太甲即位。太甲当国君的时候，因为不遵守商汤制订的规矩，横行无道，被伊尹流放到桐宫，让他反思自己的罪过，重新学习商汤的法令。三年后，伊尹又亲自迎回太甲复位。他前后为商王朝理政安民长达五十多年，是三代元老，位极人臣。他因治国有方，被称为贤相。相传伊尹于公元前1550年在亳逝世，终年八十一岁高龄。

伊尹的一生充满波折，又富有传奇色彩。伊尹先是当过奴隶，幼年时寄养于做饭的人家，因此有机会学习烹饪技术，长大后成为精通烹饪的大师。在很多著作中，都有关于伊尹做饭的记录。难能可贵的是，伊尹能由做饭悟出治国的道理，并用来劝导商汤。在商汤的心目中伊尹是一个智者、贤者，对他影响很大。有这么一个故事足以说明伊尹在商汤心目中的地位。

商汤叫彭氏的儿子给自己驾车，去见伊尹。彭氏的儿子在半路上问商汤："您要到哪儿去呢？"

商汤答道:"我将去见伊尹。"

彭氏的儿子说:"伊尹只不过是个平民百姓。如果您要见他,下令召见就已经够让他受宠若惊了。"

商汤说:"你不明白。如果有一种药,吃了能令人耳朵更灵敏、眼睛更明亮,那我一定会很喜欢,并且努力吃这种药。现在伊尹对于我国,就好像良医好药;而你却不想让我见伊尹,你这是不想让国家好起来啊!"于是就让他下去,自己驾车了。

商汤得到伊尹后,用非常高规格的礼遇来待他,在第二日还设早朝接见伊尹。伊尹向汤王讲述美味的最佳标准。汤王说:"你可以在这里做出你说的那种美味来吗?"

伊尹回答道:"您的国家还小,不具备制作最佳美味的条件,只有成为天子后才具备条件。动物有三类:在水中生活的有腥味,以肉为食的有臊味,以草为食的有膻味。这些腥膻之味之所以能制成美味,都有一定的讲究。制味的基础,首先要有水,然后用酸、甜、苦、辣、咸这五味及水、木、火三种物质,反复煮沸,不断改变其味道。这期间掌握火候很重要,透过火候的大小以灭腥、去臊、除膻,一定要达到目的,不可失其法度。至于调味,一定要用甘、酸、苦、辛、咸等调味品。哪个先放,哪个后放,哪个放多,哪个放少,其配料非常微妙,都有一定的讲究。其在鼎中的变化,更是精妙微细,语言难以表达,文字不能比喻。如同阴阳变化之莫测,四季变化之不可失其序。所以可以久置而不坏,熟而不烂,甘而不过甜,酸而不过甚,咸而不苦,辛而不燥烈,淡而有味,肥而不腻。"同时,伊尹又为商汤讲解了可以制作美味的各种名特产品。

上述伊尹所说的话可以归结为两个方面:一是五味调和说,一是火候论。掌握好它们的关键就是要学会"中庸"之道。

烹饪技术在我国有几千年的历史,出现过许多技艺高超的名人,如帝尧时代传说中的彭铿、周朝的太公吕望、春秋时代的易牙等。这些人各有专长,对烹饪技术的发展有着很大的推动作用,但伊尹无论是烹调技术还是烹饪理论都远胜他们。

"古人之精通一事者,亦或谓之圣",所以,伊尹作为"中国烹饪之圣"是当之无愧的。

烹饪看似简单,实则有着很深奥的学问。伊尹把自己多年的体会、经验,用精辟的言语告诉商汤。商汤在了解烹饪知识的过程中,感悟到了治国安民的道理——中庸之道。

【评论】

伊尹的"五味调和说"与"火候论"都展现出了一种"中庸之道"的智慧。伊尹是辅佐商汤夺取天下的开国元勋,又是汤之后连续三任商王的重臣,因此,在甲骨卜辞中,伊尹被列为"旧老臣"之首,所受祭祀非常隆重:不仅与汤同祭,还单独享祀。杜甫有这样一句诗:"伯仲之间见伊吕,指挥若定失萧曹。"伊尹的名字和他对历史的贡献将继续流传千古。

颜渊篇

颜渊问仁。子曰:"克己复礼①,为仁。一日克己复礼,天下归仁焉。为仁由己,而由人乎哉?"颜渊曰:"请问其目②。"子曰:"非礼勿视,非礼勿听,非礼勿言,非礼勿动。"颜渊曰:"回虽不敏,请事斯语矣。"

【注释】

① 克己复礼:克己,克制自己。复礼,使自己的言行符合礼的要求。

② 目:具体的条目。目和纲相对。

【译文】

颜渊问怎样做才是仁。孔子说:"克制自己,一切都照着礼的要求去做,这就是仁。一旦这样做了,天下的人都会称许你是仁人。实行仁德,完全在于自己,难道还在于别人吗?"颜渊说:"请问实行仁的条目。"孔子说:"不合于礼的不要看,不合于礼的不要听,不合于礼的不要说,不合于礼的不要做。"颜渊说:"我虽然愚笨,也要照您的这些话去做。"

【原文】

仲弓问仁。子曰:"出门如见大宾①,使民如承大祭②;己所不欲,勿施于人;在邦③无怨,在家④无怨。"仲弓曰:"雍虽不敏,请事斯语矣。"

【注释】

① 大宾:贵宾。

② 承大祭：承担重大的祭祀典礼。

③ 邦：诸侯管理的国家为"邦"。

④ 家：卿大夫管理的封地为"家"。

【译文】

仲弓问怎么去实践仁。孔子说："出门办事就像接待贵宾那样恭敬，役使百姓就像承担重大祭祀那样严肃谨慎。自己不喜欢的事，不要强加给别人。如此则无论在诸侯国做事，还是在卿大夫的封地做事，都不会有人怨恨你。"仲弓说："我虽然不聪明，请允许我照您这些话去做吧。"

【原文】

司马牛①问仁。子曰："仁者，其言也讱②。"曰："其言也讱，斯谓之仁已乎？"子曰："为之难，言之得无讱乎？"

【注释】

① 司马牛：姓司马名耕，字子牛，孔子的学生。

② 讱（rèn）：话难说出口，这里指说话谨慎。

【译文】

司马牛问怎样做才是仁。孔子说："仁人说话是慎重的。"司马牛说："说话慎重，这就叫作仁了吗？"孔子说："做起来很困难，说起来能不慎重吗？"

【原文】

司马牛问君子。子曰："君子不忧不惧。"曰："不忧不惧，斯谓之君子已乎？"子曰："内省不疚，夫何忧何惧？"

司马牛问怎样做一个君子。孔子说："君子不忧愁，不恐惧。"司马牛说："不忧愁，不恐惧，这样就可以叫作君子了吗？"孔子说："自己问心无愧，哪还有什么忧愁和恐惧呢？"

【原文】

司马牛忧曰："人皆有兄弟，我独亡①。"子夏曰："商闻之矣：'死生有命，富贵在天。'君子敬而无失，与人恭而有礼，四海之内，皆兄弟也。君子何患乎无兄弟也？"

【注释】

① 亡：通"无"。

【译文】

司马牛忧愁地说："别人都有兄弟，唯独我没有。"子夏说："我听说过：'死生有命，富贵在天。'君子只要对待所做的事情严肃认真、不出差错，对人恭敬而合乎礼的规定，那么，天下人就都是自己的兄弟了。君子何愁没有兄弟呢？"

【原文】

子张问明。子曰："浸润之谮①，肤受之愬②，不行焉，可谓明也已矣。浸润之谮，肤受之愬，不行焉，可谓远也已矣。"

【注释】

① 浸润之谮(zèn)：指像水一样，一点一滴暗中传播、渗透进来的谗言。浸润：像水一样地渗透。谮，谗言。

② 肤受之愬(sù)：指像皮肤受到蜇痛那样的诬告。也就是切身受到的诽谤。愬，诬告。

【译文】

子张问怎样做才算是贤明。孔子说："暗中传播的谗言，直接受到的诽谤，在你那里都听不进，你就可以称得上贤明了。暗中传播的谗言，直接受到的诽谤，在你那里都行不通，你就可以说有远见了。"

【原文】

子贡问政。子曰："足食，足兵，民信之矣。"子贡曰："必不得已而去，于斯三者何先？"曰："去兵。"子贡曰："必不得已而去，于斯二者何先？"曰："去食。自古皆有死，民无信不立。"

【译文】

子贡问怎样治理国家。孔子说："粮食充足，军备充足，老百姓信任统治者。"子贡说："如果不得不去掉一项，那么在三项中先去掉哪一项呢？"孔子说："去掉军备。"子贡说："如果不得不再去掉一项，那么这两项中去掉哪一项呢？"孔子说："去掉粮食。自古以来人总是要死的，如果老百姓对统治者不信任，那么国家就不能存在了。"

【原文】

棘子成①曰："君子质而已矣，何以文为？"子贡曰："惜乎，夫子之说君子也！驷不及舌②。文犹质也，质犹文也，虎豹之鞟③犹犬羊之鞟。"

① 棘子成：卫国大夫。古代大夫都可以被尊称为夫子，所以下文子贡这样称呼他。

② 驷不及舌：指话一说出口，就收不回来了。驷，拉一辆车的四匹马。

③ 鞹（kuò）：去掉毛的皮，即革。

【译文】

棘子成说："君子只要具有好的品格就行了，要那些表面的文采做什么呢？"子贡说："真遗憾，夫子您这样谈论君子。一言既出，驷马难追。本质就像文采，文采就像本质，都是同等重要的。去掉了毛的虎、豹皮，就如同去掉了毛的犬、羊皮一样。"

【原文】

哀公问于有若曰："年饥，用不足，如之何？"有若对曰："盍彻乎？"曰："二①，吾犹不足，如之何其彻也？"对曰："百姓足，君孰与不足？百姓不足，君孰与足？"

【注释】

① 二：指十分抽二。表示加赋。

【译文】

鲁哀公问有若说："遭了饥荒，国家用度困难，怎么办？"有若回答说："为什么不实行彻法，只抽十分之一的田税呢？"哀公说："现在抽十分之二，我还不够，怎么能实行彻法呢？"有若说："如果百姓的用度够，您怎么会不够呢？如果百姓的用度不够，您又怎么会够呢？"

【原文】

子张问崇德①辨惑。子曰:"主忠信,徙义②崇德也。爱之欲其生,恶之欲其死,既欲其生又欲其死,是惑也。'诚不以富,亦只以异。③'"

【注释】

① 崇德:提高道德修养的水准。

② 徙义:徙,迁移。向义靠拢。

③ 诚不以富,亦只以异:这是《诗经·小雅·我行其野》篇的最后两句。此诗表现了一个被遗弃的女子对其丈夫喜新厌旧的愤怒情绪。在这里引此句,不太好理解。古代有人说此文句是书页次序错了,误在此处。

【译文】

子张问怎样提高道德修养水准和辨别是非迷惑的能力。孔子说:"以忠信为主,使自己的思想合于义,这就是提高道德修养水准了。爱一个人,就希望他长寿,厌恶起来就恨不得他立刻死去,既要他长寿,又要他短命,这就是迷惑。(正如《诗》所说的:)'即使不是嫌贫爱富,也是喜新厌旧。'"

【原文】

齐景公问政于孔子。孔子对曰:"君君、臣臣、父父、子子。①"公曰:"善哉!信如君不君,臣不臣,父不父,子不子,虽有粟,吾得而食诸?"

【注释】

① 君君，臣臣：君要像个君，臣要像个臣。第二个"君"、"臣"是名词活用为动词。父父，子子：句式结构相同。

【译文】

齐景公请教孔子怎样治理国家。孔子回答说："做国君要像个国君，做臣子要像个臣子，做父亲要像个父亲，做儿子要像个儿子。"齐景公说："讲得好啊！真正是国君不像国君，臣子不像臣子，父亲不像父亲，儿子不像儿子，即使有粮食，我能够吃得着吗？"

【原文】

子曰："片言①可以折狱②者，其由也与？"子路无宿诺③。

【注释】

① 片言：一面之词。

② 折狱：断案。折：断，判断。狱：诉讼案件。

③ 宿诺：宿，久。拖了很久而没有兑现的诺言。

【译文】

孔子说："仅凭一面之词就能判案的，大概只有仲由吧！"子路他应承的诺言从来没有拖延到次日的。

【原文】

子曰："听讼①，吾犹人也。必也，使无讼乎！"

【注释】

① 听讼：审理诉讼案件。

【译文】

孔子说："审理诉讼案件，我与别人也是一样的。重要的是必须使诉讼的案件根本不发生！"

【原文】

子张问政。子曰："居之无倦，行之以忠。"

【译文】

子张问如何治理政事。孔子说："居于官位不懈怠，执行君令要忠实。"

【原文】

子曰："博学于文，约之以礼，亦可以弗畔矣夫！"

【译文】

孔子说："广泛地学习一切知识，用礼义来约束自己，就可以不离经叛道了。"

【原文】

子曰："君子成人之美，不成人之恶。小人反是。"

【译文】

孔子说："君子成全别人的好事,而不助长别人的恶处。小人则与此相反。"

【原文】

季康子问政于孔子。孔子对曰:"政者,正也。子帅^①以正,孰敢不正?"

【注释】

① 帅:表率,带头。

【译文】

季康子问孔子如何治理国家。孔子回答说:"政就是端正的意思。您本人带头走正路,那么还有谁敢不走正道呢?"

【原文】

季康子患盗,问于孔子。孔子对曰:"苟子之不欲^①,虽赏之不窃。"

【注释】

① 欲:贪求(财利)。

【译文】

季康子担忧偷窃,问孔子怎么办。孔子回答说:"假如你自己不贪图财利,即使奖励偷窃,也没有人偷窃。"

【原文】

季康子问政于孔子曰："如杀无道,以就①有道,何如?"孔子对曰："子为政,焉用杀? 子欲善而民善矣。君子之德风,小人之德草,草上之风②必偃③。"

【注释】

① 就:亲近,接近。

② 草上之风:指草上有风,亦即风吹到了草上。

③ 偃:扑倒。

【译文】

季康子问孔子如何治理政事,说："如果杀掉无道的人来成全有道的人,怎么样?"孔子说："您治理政事,哪里用得着杀戮的手段呢? 您只要想行善,老百姓也会跟着行善。在位者的品德好比风,在下的人的品德好比草,风吹到草上,草就必定跟着倒。"

【原文】

子张问："士何如斯可谓之达矣?"子曰："何哉,尔所谓达者?"子张对曰："在邦必闻,在家必闻。"子曰："是闻也,非达也。夫达也者,质直而好义,察言而观色,虑以下人①。在邦必达,在家必达。夫闻也者,色取仁而行违,居之不疑。在邦必闻,在家必闻。"

【注释】

① 下人:对人谦恭有礼。

子张问孔子："读书人怎样做才可以叫通达了呢?"孔子说："你所说的通达是什么意思呢?"子张回答说："在诸侯的国家任职,一定有名声;在大夫的封地做事,也一定有名声。"孔子说："这个叫'闻',并不是'达'呀! 所谓'达',就是品格正直,喜好仁义,善于分析别人的言语,观察别人的神色,经常想着谦恭待人。这样的人,在诸侯的国家一定事事行得通,在大夫的封地也一定行得通。所谓'闻',这种人表面上主张仁德,行动上却违背仁德,甚至以仁人自居而不惭愧。他们在诸侯的国家必定会骗取名声,在大夫的封地也必定会骗取名声。"

【原文】

樊迟从游于舞雩之下,曰:"敢问崇德、修慝^①、辨惑。"子曰:"善哉问! 先事后得,非崇德与? 攻其恶,无攻人之恶,非修慝与? 一朝之忿,忘其身,以及^②其亲,非惑与?"

【注释】

① 修慝(tè):修,消除。慝,邪恶、错误。

② 及:此处是累及、连及的意思。

【译文】

樊迟陪着孔子在舞雩台下散步,说:"请问怎样提高品德修养? 怎样消除别人对自己的错误认识? 怎样辨别是非不糊涂?"孔子说:"问得好! 先致力于事,然后才有所收获,不就是提高品德了吗? 批评自己的坏处,不去批判别人的坏处,不就消除错误了吗? 由于一时的气愤,就忘记了自己,以致也忘记了自己的亲人,这不就是糊涂吗?"

【原文】

攀迟问仁。子曰:"爱人。"问知。子曰:"知人。"樊迟未达①。子曰:"举直错诸枉②,能使枉者直。"樊迟退,见子夏曰:"乡③也,吾见于夫子而问知,子曰'举直错诸枉,能使枉者直',何谓也?"子夏曰:"富哉言乎!舜有天下,选于众,举皋陶④,不仁者远矣。汤有天下,选于众,举伊尹⑤,不仁者远矣。"

【注释】

① 达:理解,明白。

② 举直错诸枉:就是把正直的人推举出来,放在邪恶的小人之上。错:通"措",放置。

③ 乡:通"向",刚才。

④ 皋陶:传说是为舜掌管刑法的贤臣,古人认为他是执法公正的典范。

⑤ 伊尹:商汤的宰相,曾辅助汤灭夏兴商。

【译文】

樊迟问什么是仁。孔子说:"爱人。"樊迟又问什么是智。孔子说:"善于识别人。"樊迟还不明白。孔子说:"把正直的人选拔推举出来,放在邪恶者之上,就能够使邪恶的人正直起来。"樊迟退了出来,见到子夏说:"刚才我见到老师问什么是智,老师说,'把正直的人选拔推举出来,放在邪恶者之上,就能够使邪恶的人正直起来。'这是什么意思呢?"子夏说:"这话说得多么深刻啊!舜有了天下,在众人之中挑选,把皋陶选拔出来,不仁的人就被疏远了;汤有了天下,在众人之中挑选,把伊尹选拔出来,不仁的人也被疏远了。"

子贡问友。子曰:"忠告而善道之,不可则止,毋自辱焉。"

【译文】

子贡问怎样对待朋友。孔子说:"忠诚地劝告他,恰当地引导他,如果不听也就罢了,不要自找侮辱。"

曾子曰:"君子以文会友,以友辅仁。"

【译文】

曾子说:"君子以文章学问来结交朋友,依靠朋友帮助自己培养仁德。"

【故事】

张英礼让三分传佳话

张英(1637—1708),字敦复,号乐圃,安徽桐城人。康熙初年进士,历任翰林院编修,官至文华殿大学士兼礼部尚书。

清朝康熙年间,当时张英在京城当官,他的老家要盖房子,地界与邻居叶家紧临着。叶秀才提出要张家留出中间一条路以便出入,但张家提出地契上写明"至叶姓墙",他们可以按照地契打墙盖房子,即便要留一条路,也应两家都后退几尺才行。当时张英在京城当官,他的儿子张廷玉也考中了进士正在朝廷为官,老家的具体事务都由老管家一手操办。

有这样一句俗话："宰相家人七品官。"这位老管家有一种优越感，觉得自己是堂堂礼部尚书家的总管，而且根据地契建墙也有理有据，邻居叶家一个穷秀才的意见根本不值得理会。张家的工程很快开始了，沿着叶家墙根砌起了新墙。偏偏这个叶秀才是个不服硬的倔脾气，看到张家把墙砌上了，咽不下这口气，一纸状文把张家告到了县衙。就这样两家打起了官司。

看到叶秀才打官司，他的亲朋好友都为他担心，怕他吃亏。当时，一个穷秀才与当朝礼部尚书打官司谈何容易，而且理由又不是十分充分。众人都劝叶秀才早点撤诉，但他就是不听，非要把官司打下去。张家管家一开始还想着仗势欺人，但是一看事情闹大了，也怕最后不好收场，就赶紧写信禀告在北京的张英。不久，张英回信，信里只有四句诗："一纸书来只为墙，让他三尺又何妨。万里长城今犹在，不见当年秦始皇。"

老管家明白了张英的意思，他到叶秀才家告诉他：张家准备拆墙，后退三尺让路。叶秀才不相信老管家的话，老管家就把张英写的诗给他看。看了这首诗，叶秀才十分感动，他感叹道："张大人真是好肚量。"

第二天一早，老管家就指挥人动手拆墙，后退了三尺。叶秀才见张家说到做到，就把自家的墙拆了也后退了三尺。这样，张、叶两家之间就形成了一条百来米长、六尺宽的巷子，被称为"六尺巷"。非常难得的是，现在这里成了一处历史名胜，被一直完好地保存了下来。

其实张、叶两家所打的是一场实力不对等的官司：张英位高权重，是当朝一品大员，且是深受康熙皇帝信任的礼部尚书，而叶氏只是一个教私塾的穷秀才。况且就事情本身而言，张家是按地契的位置来砌墙，没有什么错误，也算不上恃强霸占。在处理与邻居的冲突时，张英接到管家来信，只需让管家向当地官吏打个招呼，那些地方官吏一定心领神会，事情的处置结果会完全有利于张家。

然而张英有容人之量，懂得"己所不欲，勿施于人"的道理，他没有恃强凌弱，而是采取了与邻里和睦相处、以仁爱待人的姿态，让横眉冷对的两家成了礼让互助的近邻，这种为人处世之道对现代人仍具有启示性。

"父子宰相府"、"五里三进士"、"隔河两状元"是在安徽安庆流传的说法，这些说法指的都是张英的家庭。张英在家教的问题上倡导"务本力田，随分知足"。

张英的儿子就是很有名气的张廷玉，张廷玉(1672—1755)是康熙时的进士，官至保和殿大学士、军机大臣，乾隆时加太保，为官康、雍、乾三代，历经半个世纪却宝刀不老，这在两千年封建官场上是非常罕见的。他能够有这样的官场作为，离不开他的父辈、祖辈淡泊致远、克己清廉的家风。

六尺巷在父辈那里宽了六尺，而在他的心胸中又宽了万丈。"心底无私天地宽"，拥有这样的心胸对为人处事，都是有好处的。

张英、张廷玉父子不但在政治上有所作为，他们同时还是史家公认的学者大儒。张家官运的背后是康、雍、乾三位帝王，这三人都是清朝有作为的皇帝。当时的清王朝尽管帝王自律而有作为，但对汉人仍提防有加，为防汉人颠覆政权，大兴文字狱，高官们也伴君如侍虎，如履薄冰。张家人低调屈身，也成自然。

据载，张廷玉之子张若霭殿试得一甲第三名(探花)，张廷玉跪求雍正换人，以留得名额给天下平民英才，因为张家已有太多出人头地的机会了。雍正深为感动，将其子降级任用，可见张家谦卑公允之心。张英家的"礼让之风"一直延续下来，这也让他的家人后代受益良多。

颜渊篇

【评论】

为人处事要懂得"己所不欲，勿施于人"的道理。包容忍让、平等待人的美德，虽然自古提倡，但真正能做到的人并不多。涉及切身利益、尤其自己还处于优势地位时，就更难以做到。但越是这种情况，越考验人的心胸和修养，验证自己是否真正领悟了圣贤的教诲。心胸宽广、恭谦礼让的人，不论在何时、何地都必然会受到别人的尊敬。

子路篇

【原文】

　　子路问政。子曰："先之、劳之。"请益。曰："无倦。"

【译文】

　　子路问怎样管理政事。孔子说："做在老百姓之前，使老百姓勤劳。"子路请求多讲一点。孔子说："不要懈怠。"

【原文】

　　仲弓为季氏宰，问政。子曰："先有司，赦小过，举贤才。"曰："焉知贤才而举之？"曰："举尔所知。尔所不知，人其舍诸？"

【译文】

　　仲弓当了季氏的家臣，问怎样管理政事。孔子说："先责成手下负责具体事务的官吏让他们各负其责，赦免他们的小过错，选拔贤才来任职。"仲弓又问："怎样知道是贤才而把他们选拔出来呢？"孔子说："选拔你所知道的，至于你不知道的贤才，别人难道还会埋没他们吗？"

【原文】

　　子路曰："卫君①待子而为政，子将奚先？"子曰："必也正名乎！"子路曰："有是哉，子之迂也！奚其正？"子曰："野哉，由也！君子于其所不知，盖阙②如也。名不正则言不顺，言不顺则事不成，事不成则礼乐不兴，礼乐不兴则刑罚不中，刑罚不中则民无所措手足。故君子名之必可言也，言之必可行也。君子于其言，无所苟而已矣。"

① 卫君：卫出公，名辄，卫灵公之孙。其父蒯聩被卫灵公驱逐出国，卫灵公死后，蒯辄继位。蒯聩要回国争夺君位，遭到蒯辄拒绝。这里，孔子对此事提出了自己的看法。

② 阙：同"缺"，存疑。

【译文】

子路说："假如卫国的国君等着您去治理国家，您打算先做什么？"孔子说："一定要先把指乱了的名分纠正过来。"子路说："有这种做法吗？您真是迂腐呀！怎么去正名分呢？"孔子说："仲由，你太庸俗浅薄了！君子对自己不懂的事情，总是采取存疑的态度。名分不正，讲起话来就不顺当合理；说话不顺当合理，事情就不可能弄好；事情弄不好，国家的礼乐制度就兴盛不起来；礼乐制度兴盛不起来，刑罚的执行也不会得当；刑罚执行不得当，老百姓就会手足无措，不知该怎么办才好。所以君子确定一个名分，必须能说得明白合理，说出来的话，一定是可行的。君子对待自己说的任何一句话，没有一点是随便、马虎的。"

【原文】

樊迟请学稼。子曰："吾不如老农。"请学为圃①。曰："吾不如老圃。"樊迟出。子曰："小人②哉，樊须也！上好礼，则民莫敢不敬，上好义，则民莫敢不服；上好信，则民莫敢不用情③。夫如是，则四方之民襁④负其子而至矣，焉用稼？"

【注释】

① 为圃：指种菜。圃，种植蔬菜花草的园地。

② 小人：这里指没有知识、没有出息的人。

③ 用情：用真情，诚实，说真话。

④ 襁（qiǎng）：背小孩的布巾。

【译文】

樊迟向孔子请教如何种田。孔子说："我不如老农民。"樊迟又向孔子请教如何种菜。孔子说："我不如老菜农。"樊迟退了出去。孔子说："樊迟真是个没出息的小人！执政者重视礼仪，那么老百姓就没有敢不尊敬的；执政者重视道义，那么老百姓就没有敢不服从的；执政者重视诚信，那么老百姓就没有人敢不说真话。做到这样，天下的老百姓就会背着孩子来投奔，哪里用得着自己去种庄稼呢？"

【原文】

子曰："诵《诗》三百，授之以政，不达；使于四方，不能专对①。虽多，亦奚以为？"

【注释】

① 专对：独立对答。

【译文】

孔子说："把《诗》三百篇背得很熟，让他处理政务，却不会办事；让他当外交使节，不能独立地办交涉。背得很多，又有什么用呢？"

【原文】

子曰："其身正，不令而行；其身不正，虽令不从。"

孔子说："自身行为正当了，即使不发布命令，老百姓也会去做；自身行为不正当，即使发布命令，老百姓也不会服从。"

【原文】

子曰："鲁卫之政，兄弟也。"

【译文】

孔子说："鲁国和卫国的政事，就像兄弟的事一样（相差不远）。"

【原文】

子谓卫公子荆①："善居室②。始有，曰：'苟合③矣。'少有，曰：'苟完矣。'富有，曰：'苟美矣。'"

【注释】

① 卫公子荆：卫国大夫，字南楚，卫献公的儿子。
② 善居室：善于管理经济，居家过日子。
③ 苟合：苟，差不多。合，足够。

【译文】

孔子谈到卫国的公子荆时说："他善于管理经济，居家理财。刚开始有一点时，他说：'差不多也就够了。'稍微多一点时，他说：'差不多就算完备了。'更多一点时，他说：'差不多算是完美了。'"

【原文】

　　子适卫,冉有仆①。子曰:"庶②矣哉!"冉有曰:"既庶矣,又何加焉?"曰:"富之。"曰:"既富矣,又何加焉?"曰:"教之。"

【注释】

① 仆:驾车。

② 庶:众多,这里指人口众多。

【译文】

　　孔子到卫国去,冉有为他驾车。孔子说:"人口真多呀!"冉有说:"人口已经够多了,还要再做什么呢?"孔子说:"使他们富起来。"冉有说:"富了以后又还要做些什么?"孔子说:"对他们进行教化。"

【原文】

　　子曰:"苟有用我者,期月①而已可也,三年有成。"

【注释】

① 期(jī)月:一周年。

【译文】

　　孔子说:"如果有人用我治理国家,一年便可以弄出个样子,三年就一定会有成效。"

【原文】

　　子曰:"善人为邦①百年,亦可以胜残去杀②矣。诚哉是言也!"

【注释】

① 为邦:治理国家。

② 胜残去杀:克服残暴,免除刑杀。

【译文】

孔子说:"善人治理国家,经过一百年,也就可以消除残暴、废除刑罚杀戮了。这话真对呀!"

【原文】

子曰:"如有王者,必世①而后仁。"

【注释】

① 世:一世为三十年。这里指经过一世,是名词活用作动词。

【译文】

孔子说:"如果有王者兴起,也一定要三十年才能实现仁政。"

【原文】

子曰:"苟正其身矣,于从政乎何有? 不能正其身,如正人何?"

【译文】

孔子说:"如果端正了自身的行为,管理政事还有什么困难呢? 如果不能端正自身的行为,怎能使别人端正呢?"

【原文】

冉子退朝。子曰:"何晏①也?"对曰:"有政。"子曰:"其事也!如有政,虽不吾以,吾其与闻之。"

【注释】

① 晏:迟,晚。

【译文】

冉求退朝回来,孔子说:"为什么回来得这么晚呀?"冉求说:"有政事。"孔子说:"只是一般的事务吧? 如果有政事,虽然国君不用我了,我也会知道的。"

【原文】

定公问:"一言而可以兴邦,有诸?"孔子对曰:"言不可以若是其几也。人之言曰:'为君难,为臣不易。'如知为君之难也,不几乎一言而兴邦乎?"曰:"一言而丧邦,有诸?"孔子对曰:"言不可以若是其几也。人之言曰:'予无乐乎为君,唯其言而莫予违也。'如其善而莫之违也,不亦善乎? 如不善而莫之违也,不几乎一言而丧邦乎?"

【译文】

鲁定公问:"一句话就可以使国家兴盛,有这样的话吗?"孔子答道:"不可能有这样的话,但有近乎这样的话。有人说:'做君难,做臣不易。'如果知道了做君的难,这不近乎一句话可以使国家兴盛吗?"鲁定公又问:"一句话可以亡国,有这样的话吗?"孔子回答说:"不可能有这样的话,但有近乎这样的话。有人说过:'我做君主并没有什么可高兴的,我所高兴的只在于我说的话没有人敢违抗。'如果说得对而没有人违抗,不也好吗? 如果说得不对而没有人违抗,那不就近乎一句话可以亡国吗?"

叶公①问政。子曰:"近者②说,远者来。"

【注释】

① 叶公:叶公姓沈,名诸梁,字子高。楚国的大夫,叶地(今河南叶县南有古叶城)的县令。

② 近者:指境内的人。和"远者"(境外的人)相对而言。

【译文】

叶公问孔子怎样管理政事。孔子说:"使近处的人高兴,使远处的人来归附。"

【原文】

子夏为莒父①宰,问政。子曰:"无欲速,无见小利。欲速则不达,见小利则大事不成。"

【注释】

① 莒父:鲁国的一个城邑,在今山东省莒县境内。

【译文】

子夏做莒父的总管,问孔子怎样办理政事。孔子说:"不要求快,不要贪求小利。求快反而达不到目的,贪求小利就做不成大事。"

【原文】

叶公语孔子曰:"吾党有直躬者^①,其父攘^②羊,而子证^③之。"孔子曰:"吾党之直者异于是:父为子隐,子为父隐,直在其中矣。"

【注释】

① 党:家乡,本乡本土。直躬者:直身而行者,即坦白直率正直的人。

② 攘:偷窃。

③ 证:告发。

【译文】

叶公告诉孔子说:"我的家乡有个正直的人,他的父亲偷了人家的羊,他告发了父亲。"孔子说:"我家乡的正直的人和你讲的正直人不一样:父亲为儿子隐瞒,儿子为父亲隐瞒。正直就在其中了。"

【原文】

樊迟问仁。子曰:"居处恭,执事敬,与人忠。虽之夷狄,不可弃也。"

【译文】

樊迟问怎样才是仁。孔子说:"平常在家规规矩矩,办事严肃认真,待人忠心诚意。即使到了夷狄之地,这三种品格也不可背弃。"

　　子贡问曰:"何如斯可谓之士矣?"子曰:"行己①有耻,使于四方,不辱君命,可谓士矣。"曰:"敢问其次。"曰:"宗族称孝焉,乡党称弟焉。"曰:"敢问其次?"曰:"言必信,行必果,硁硁然②,小人哉!抑亦可以为次矣。"曰:"今之从政者何如?"子曰:"噫! 斗筲之人③,何足算也?"

【注释】

① 行己:己行。

② 硁(kēng)硁然:硁硁,石头碰石头。浅薄固执的样子。

③ 斗筲(shāo)之人:指器量狭小的人。斗,古代量器。筲,竹器。斗筲的容量都很小,故用以指器量狭小的人。

【译文】

　　子贡问道:"怎样才可以叫作士?"孔子说:"自己在做事时有知耻之心,出使外国各方,能够完成君主交付的使命,可以叫作士。"子贡说:"请问次一等的呢?"孔子说:"宗族中的人称赞他孝顺父母,乡党们称他尊敬兄长。"子贡又问:"请问再次一等的呢?"孔子说:"说到一定做到,做事一定坚持到底,不问是非地固执己见,那是小人啊!但也可以说是再次一等的士了。"子贡说:"现在的执政者,您看怎么样?"孔子说:"唉! 这些器量狭小的人,哪里能算得上呢?"

　　子曰:"不得中行而与之,必也狂狷乎! 狂者①进取,狷者②有所不为也。"

【注释】

① 狂者：不拘一格、积极进取的人。

② 狷（juàn）者：狷，志向高洁、谦守志道的人。

【译文】

孔子说："我找不到奉行中庸之道的人和他交往，只能与狂者、狷者相交往了。狂者积极进取，狷者洁身自好，不为不善之事。"

【原文】

子曰："南人①有言曰：'人而无恒，不可以作巫医②。'善夫！""不恒其德，或承之羞。③"子曰："不占而已矣。"

【注释】

① 南人：前人多注为"南国之人"。

② 巫医：用占卦的方法给人治病的人。

③ 不恒其德，或承之羞：这两句引自《易经·恒卦·九三爻辞》。意思是说无恒德的人会遭受羞辱。或，有时。承，遭受。

【译文】

孔子说："南方人有句话说：'人如果做事没有恒心，就不能当巫医。'这句话说得真好啊！""人不能长久地保存自己的德行，免不了会遭受耻辱。"孔子说："（这句话是说，没有恒心的人）用不着去占卦了。"

【原文】

子曰："君子和而不同，小人同而不和。"

孔子说:"君子讲和谐共处而又不盲从附和;小人喜欢盲从附和而又不肯表示自己的不同意见。"

【原文】

子贡问曰:"乡人皆好之,何如?"子曰:"未可也。""乡人皆恶之,何如?"子曰:"未可也。不如乡人之善者好之,其不善者恶之。"

【译文】

子贡问孔子说:"全乡人都喜欢、赞扬他,这个人怎么样?"孔子说:"这还不能肯定。"子贡又问孔子说:"全乡人都厌恶、憎恨他,这个人怎么样?"孔子说:"这也是不能肯定的。最好的人是全乡的好人都喜欢他,全乡的坏人都厌恶他。"

【原文】

子曰:"君子易事而难说也。说之不以道,不说也;及其使人也,器之①。小人难事而易说也。说之虽不以道,说也;及其使人也,求备②焉。"

【注释】

① 器之:指按各个人的才能而加以合理使用,亦即量才使用。器:名词活用作动词。

② 求备:求全,求完备。

【译文】

孔子说:"为君子办事很容易,但很难取得他的欢喜。不按正道去讨他的喜欢,他是不会喜欢的。但是,当他使用人的时候,总是量才而用人。为小人办事很难,但要取得他的欢喜则是很容易的。不按正道去讨他的喜欢,也会得到他的喜欢。但等到他使用人的时候,却是求全责备。"

【原文】

子曰:"君子泰而不骄,小人骄而不泰。"

【译文】

孔子说:"君子安详坦然而不傲慢无礼,小人傲慢无礼而不安详坦然。"

【原文】

子曰:"刚、毅、木、讷,近仁。"

【译文】

孔子说:"刚强、果敢、朴实、谨慎,这四种品德接近仁。"

【原文】

子路问曰:"何如斯可谓之士矣?"子曰:"切切偲偲①,怡怡如②也,可谓士矣。朋友切切偲偲,兄弟怡怡。"

【注释】

① 切切偲(sī)偲:互相恳切地提出善意批评的样子。切切:恳

切。偲偲：相互督促，相互勉励。

② 怡怡如：和悦、愉快的样子。

【译文】

子路问道："怎样做才配称为士？"孔子说："互相督促、勉励，亲切和气，可以叫作士了。朋友之间要互相督促、勉励，兄弟之间要和悦、愉快。"

【原文】

子曰："善人教民七年，亦可以即戎矣。"

【译文】

孔子说："善人教导百姓七年之后，就可以叫他们去当兵打仗了。"

【原文】

子曰："以不教民战，是谓弃之。"

【译文】

孔子说："用没有受过训练的人去打仗，这就是抛弃他们啊！"

【故事】

夏禹治水身正令行

禹是历史上有名的人物，他是鲧的儿子，相传出生在西羌，就是现在的甘肃、宁夏、内蒙古南部一带，后来跟随父亲迁徙到了崇（今河南登封附近)这个地方。禹在尧时被封为夏伯,所以又被称为夏禹或伯。

尧在位的时候,黄河流域经常发生非常大的水灾,大量的房屋被毁,种植的庄稼被淹,百姓被迫往高处搬。水灾还引发了其他灾害,一些地方经常出现毒蛇猛兽,伤害人和牲口,百姓苦不堪言。

尧非常关心百姓的疾苦,紧急召开部落联盟会议,商量如何治水的问题。他向四方部落的首领征求治水的人,首领们都一致推荐鲧。尧起初对鲧不是很信任,首领们说:"鲧是现在最合适的人选,你就让他试一下吧!"尧才勉强同意。鲧在九年多的时间中,也很努力地治水,但是鲧并没有把洪水制伏。原因是鲧只懂得使用水来土掩、造堤筑坝这些方法,结果洪水一来就把堤坝冲塌,反而使水灾更凶猛。

尧年老退位之后,舜接替他当上部落联盟的首领,到鲧治水的地方去考察,发现鲧办事不得力,就下令处死了他,命令已是夏部族首领的禹继续治理洪水。禹没有退缩,欣然领命。

想到治水是一件旷日持久的事,自己可能今后再也没有时间成家,禹决定先完婚,娶女娇为妻。大禹婚后第四天便毅然离开家去治水,谁也没想到,他这一走就是整整十三年。

对于治水,大禹没有匆忙行事,而是采取了下面的步骤:首先认真总结前辈治水的教训,寻找治水失败的原因;然后率领伯益、后稷等助手到洪灾严重的地方勘察,了解各地的山川地貌、洪水的流向和走势后,制订出统一的治水规划,然后才开始大规模治水。他的父亲鲧之所以治水无功,是因为没有根据水流规律因势利导,禹便改用疏导和堰塞相结合的新办法,在高的地方培土,低的地方疏浚成沟河,消除壅塞,开山凿渠,疏通水道。

一年多之后,大禹率领众人凿山开渠,路过自己村落,遇见族人，才知道妻子女娇已经为他生了一个儿子。大禹非常高兴，特别想见一见自己的儿子，但想到治水工程刻不容缓，便顾不得回家，又往治水的地方去。

此时，女娇闻讯赶来，抱着儿子对大禹说："你看看吧，这就是你的儿子。你出门在外，孩子至今还没有名字呢！"

大禹亲热地抱起儿子，想了一下说："我治理洪水，如果成功最好，如果不成功，就让儿子像我现在接替父亲一样，总结经验，从头再来——就叫他启吧！"启后来成为夏王朝的第二任君主。

大禹治水的效果很好。他开掘水渠、疏通水流，通过修建水渠，让四面八方的来水汇集在一起，然后流入河道，归进大海。在十三年中，大禹率人努力凿山挖河，每天都兢兢业业，不敢怠慢。越到最后，大禹越体会到治理洪水的紧迫性。后来，他又有两次经过家门而不入的经历。等到大禹治水成功之时，他的儿子启都已经长大成人了。

大禹治水能够成功，很重要的原因是他找到了正确的方法，当然他的身先士卒、无私付出、辛苦努力也发挥了很重要的作用。大禹治水成功，造福万方。舜年老后也像尧一样，物色继承人。当时采取的是"禅让制"，因为大禹治水功绩显著，大家都一致地推选他。这样在舜死后，禹就继任了部落联盟的首领。

禹在治水中的功劳可以称为"丰功伟绩"，这提高了他作为部落联盟首领的威信和权力。传说禹在年老的时候，曾经到东方视察，在会稽山召集了许多部落的首领。这时的禹已经极有威望了，去朝见他的人手里都会拿着玉帛，仪式也十分讲究和隆重。防风氏的部落首领来朝见大禹最晚，禹认为他怠慢了自己的命令，就把防风氏斩了。通过这件事情也可以看出，那时的禹已经从部落联盟首领变成名副其实的国王了。

禹原来有个助手叫皋陶，曾经帮助禹治理政事。皋陶死后，皋陶的儿子伯益也做过禹的助手。按照禅让的制度，本来应该让伯益做禹的继承人。但是，禹死后，夏部落的贵族却拥戴禹的儿子启继承了禹的位子。就这样，原来的禅让制被废除，变为王位世袭的制度，夏朝也因此成为中国历史上第一个奴隶制的王朝。夏王朝的出现，禹的后人能够继承大位，从一定程度上来说，都离不开大禹在治水时"身正令行"的重大影响。

【评论】

大禹一心一意地降服水患，留下了三过家门而不入的典故，这种执着的精神和坚定的信念都非常了不起。从大禹的身上，我们能看到公而忘私的崇高品德。大禹在解决困难时，总是身先士卒，能够做到"身正"，于是"令行"也就顺理成章了。身正令行，治水有方，所以才能取得成功。治水之功令禹的威望不断升高，为他后来成为部落首领赢得雄厚的政治资本；而他作为首领懂得身正令行的做法，对后人影响甚为深远。

宪问篇

【原文】

　　宪①问耻。子曰:"邦有道,谷②;邦无道,谷,耻也。""克、伐③、怨、欲不行焉,可以为仁矣?"子曰:"可以为难矣,仁则吾不知也。"

【注释】

① 宪:姓原名宪,孔子的学生。

② 谷:这里指做官者的俸禄。

③ 伐:自夸。

【译文】

　　原宪问孔子什么是耻辱。孔子说:"国家有道,做官拿俸禄;国家无道,还做官拿俸禄,这就是可耻。"原宪又问:"好胜、自夸、怨恨、贪欲都没有的人,可以算做到仁了吧?"孔子说:"这可以说是很难得的,但至于是不是做到了仁,那我就不知道了。"

【原文】

　　子曰:"士而怀居①,不足以为士矣。"

【注释】

① 怀居:怀,思念、留恋。居,家居。指留恋家居的安逸生活。

【译文】

　　孔子说:"士如果留恋家庭的安逸生活,就不配做士了。"

【原文】

　　子曰:"邦有道,危言危①行;邦无道,危行言孙②。"

① 危：直，正直。

② 孙：同"逊"。

【译文】

孔子说："国家有道，要正言正行；国家无道，还要正直，但说话要随和谨慎。"

【原文】

子曰："有德者必有言，有言者不必有德。仁者必有勇，勇者不必有仁。"

【译文】

孔子说："有道德的人一定有名言，有言论的人不一定有道德。仁人一定勇敢，勇敢的人不一定都有仁德。"

【原文】

南宫适问于孔子曰："羿①善射，奡荡舟②，俱不得其死然。禹稷③躬稼而有天下。"夫子不答。南宫适出。子曰："君子哉若人！尚德哉若人！"

【注释】

① 羿：古代传说中他善于射箭，后被其臣寒浞所杀。

② 奡(ào)：传说中寒浞的儿子，后来为夏少康所杀。荡舟：用手推船。传说奡力大，善于水战。

③ 禹稷：禹，夏朝的开国之君，善于治水，注重发展农业。稷，传

说是周朝的祖先,又为谷神,教民种植庄稼。

【译文】

南宫适问孔子:"羿善于射箭,奡善于水战,最后都不得好死。禹和稷都亲自种植庄稼,却得到了天下。"孔子没有回答,南宫适出去后,孔子说:"这个人真是个君子呀! 这个人真尊重道德。"

【原文】

子曰:"君子而不仁者有矣夫,未有小人而仁者也。"

【译文】

孔子说:"君子中没有仁德的人是有的,而小人中有仁德的人是没有的。"

【原文】

子曰:"爱之,能勿劳乎? 忠焉,能勿诲乎?"

【译文】

孔子说:"爱他,能不为他操劳吗? 忠于他,能不对他劝告吗?"

【原文】

子曰:"为命①,裨谌②草创之,世叔讨论之,行人③子羽修饰之,东里④子产润色之。"

【注释】

① 命:外交辞令。

② 裨(pí)谌(chén)：人名，郑国的大夫。

③ 行人：官名，掌管朝觐聘问，即外交事务。

④ 东里：子产的乡里。

【译文】

孔子说："郑国发表的外交辞令，都是由裨谌起草，世叔提出意见，外交官子羽加以修饰，由子产做最后的修改润色的。"

【原文】

或问子产。子曰："惠人也。"问子西。曰："彼哉！彼哉！"问管仲。曰："人也。夺伯氏骈邑[1]三百，饭疏食，没齿[2]无怨言。"

【注释】

① 伯氏：齐国的大夫。骈邑，地名，伯氏的封地。

② 没齿：终生。

【译文】

有人问子产是个怎样的人。孔子说："是个有恩惠于人的人。"又问子西。孔子说："他呀！他呀！"又问管仲。孔子说："他是个有才干的人，他把伯氏骈邑的三百家封地夺走，使伯氏终生吃粗茶淡饭，直到老死也没有怨言。"

【原文】

子曰："贫而无怨难，富而无骄易。"

【译文】

孔子说："贫穷而能够没有怨恨是很难做到的，富裕而不骄傲是容易做到的。"

【原文】

子曰:"孟公绰①,为赵魏老②则优,不可以为滕薛大夫。"

【注释】

① 孟公绰:鲁国大夫,属于孟孙氏家族。

② 老:这里指古代大夫的家臣。

【译文】

孔子说:"孟公绰做晋国赵氏、魏氏的家臣,是能力有余的,但没有才能做滕、薛这样小国的大夫。"

【原文】

子路问成人①。子曰:"若臧武仲之知,公绰之不欲,卞庄子之勇,冉求之艺,文之以礼乐,亦可以为成人矣。"曰:"今之成人者何必然? 见利思义,见危授命,久要②不忘平生之言,亦可以为成人矣。"

【注释】

① 成人:人格完备的完人。

② 久要:长久处于穷困中。

【译文】

子路问怎样做才是一个完美的人。孔子说:"如果具有臧武仲的智慧,孟公绰的克制,卞庄子的勇敢,冉求那样多才多艺,再用礼乐成就他的文采，也就可以算是一个完人了。"孔子又说："现在的完人何必一定要这样呢？见到财利想到义的要求，遇到危险能献出生命，长久处于穷困还不忘平日的诺言，这样也可以成为一位完美的人。"

　　子问公叔文子于公明贾曰①："信乎？夫子③不言、不笑、不取乎？"公明贾对曰："以③告者过也。夫子时然后言，人不厌其言；乐然后笑，人不厌其笑；义然后取，人不厌其取。"子曰："其然？岂其然乎？"

【注释】

　　① 公叔文子：卫国大夫公孙拔，卫献公之子，谥号"文"。公明贾：姓公明字贾，卫国人。

　　② 夫子：文中指公叔文子。

　　③ 以：此处是"这个"的意思。

【译文】

　　孔子向公明贾问到公叔文子，说："先生他不说、不笑、不取钱财，是真的吗？"公明贾回答道："这是告诉你话的那个人的过错。先生他到该说时才说，因此别人不厌恶他说话；快乐时才笑，因此别人不厌恶他笑；合于礼的要求的财利他才取，因此别人不厌恶他取。"孔子说："原来这样，难道真是这样吗？"

【原文】

　　子曰："臧武仲以防求为后①于鲁，虽曰不要②君，吾不信也。"

【注释】

① 防:地名,山东费县东北,是臧孙纥的封地。为后,为他确立封爵继承人。

② 要:要挟、威胁。

【译文】

孔子说:"臧武仲凭借防邑请求鲁君立其子嗣为鲁国卿大夫,虽然有人说他不是要挟君主,我不相信。"

【原文】

子曰:"晋文公谲①而不正,齐桓公正而不谲。"

【注释】

① 谲:欺诈,玩弄手段。

【译文】

孔子说:"晋文公诡诈而不正派,齐桓公正派而不诡诈。"

【原文】

子路曰:"桓公杀公子纠,召忽死之,管仲不死。"曰:"未仁乎?"子曰:"桓公九合诸侯①,不以兵车,管仲之力也。如其仁,如其仁。"

【注释】

① 九合诸侯:多次召集诸侯盟会。

子路说:"齐桓公杀了他哥哥公子纠,(公子纠的老师)召忽因此自杀,但(他的另一老师)管仲却没有自杀。管仲不能算是仁人吧?"孔子说:"桓公多次召集各诸侯国的盟会,不用武力,这都是管仲的力量啊!这就是他的仁德,这就是他的仁德。"

【原文】

子贡曰:"管仲非仁者与?桓公杀公子纠,不能死,又相之。"子曰:"管仲相桓公,霸诸侯,一匡天下,民到于今受其赐。微①管仲,吾其被发左衽②矣。岂若匹夫匹妇之为谅③也,自经④于沟渎⑤,而莫之知也。"

【注释】

① 微:没有。

② 被发左衽:被,同"披"。衽,衣襟。

③ 谅:小信。

④ 自经:上吊自杀。

⑤ 渎:小沟渠。

【译文】

子贡问:"管仲不能算是仁人了吧?桓公杀了公子纠,他不能为公子纠殉死,反而当了齐桓公的宰相。"孔子说:"管仲辅佐桓公,称霸诸侯,匡正了天下,老百姓到了今天还享受到他的好处。如果没有管仲,恐怕我们也要披散着头发,衣襟向左开了(沦为落后民族了)。他哪能像一般百姓那样恪守小节,自杀在小山沟里而谁也不知道呀!"

【原文】

公叔文子之臣大夫僎①与文子同升诸公②。子闻之,曰:"可以为文矣。"

【注释】

① 僎(zhuàn):人名,公叔文子的家臣。

② 升诸公:公,公室。这是说僎由家臣升为大夫,与公叔文子同位。

【译文】

公叔文子的家臣僎和文子一同做了卫国的大夫。孔子知道了这件事以后说:"(他死后)可以给他'文'的谥号了。"

【原文】

子言卫灵公之无道也,康子曰:"夫如是,奚而不丧?"孔子曰:"仲叔圉①治宾客,祝鮀治宗庙,王孙贾治军旅,夫如是,奚其丧?"

【注释】

① 仲叔圉(yǔ):孔文子。他与后面提到的祝鮀、王孙贾都是卫国的大夫。

【译文】

孔子讲到卫灵公的无道,季康子说:"既然如此,为什么他没有败亡呢?"孔子说:"因为他有仲叔圉接待宾客,祝鮀管理宗庙祭祀,王孙贾统率军队,像这样,怎么会败亡呢?"

子曰:"其言之不怍①,则为之也难。"

① 怍(zuò):惭愧。

孔子说:"说话如果大言不惭,那么实现这些话就是很困难的了。"

陈成子①弑简公。孔子沐浴而朝,告于哀公曰:"陈恒弑其君,请讨之。"公曰:"告夫三子②。"孔子曰:"以吾从大夫之后,不敢不告也。君曰:'告夫三子'者。"之三子告,不可。孔子曰:"以吾从大夫之后,不敢不告也。"

① 陈成子:即陈恒,齐国大夫,又叫田成子。
② 三子:指当时执掌大权的季孙、孟孙、叔孙三家。

陈成子杀了齐简公。孔子斋戒沐浴以后,随即上朝去见鲁哀公,报告说:"陈恒把他的君主杀了,请你出兵讨伐他。"哀公说:"你去报告那三位大夫吧!"孔子退朝后说:"因为我曾经做过大夫,所以不敢不来报告,君主却说:'你去告诉那三位大夫吧!'"孔子去向那三位大夫报告,但三位大夫不愿派兵讨伐,孔子又说:"因为我曾经做过大夫,所以不敢不来报告呀!"

【原文】

子路问事君。子曰:"勿欺也,而犯之。"

【译文】

子路问怎样侍奉君主。孔子说:"不能(阳奉阴违地)欺骗他,但可以(当面)触犯他。"

【原文】

子曰:"君子上达,小人下达。"

【译文】

孔子说:"君子通达于仁义,小人通达于财利。"

【原文】

子曰:"古之学者为己,今之学者为人。"

【译文】

孔子说:"古代的人学习是为了提升自己,而现在的人学习是为了给别人看。"

【原文】

蘧伯玉①使人于孔子,孔子与之坐而问焉。曰:"夫子何为?"对曰:"夫子欲寡其过而未能也。"使者出,子曰:"使乎! 使乎!"

【注释】

① 蘧（qú）伯玉：卫国的大夫，名瑗，伯玉是他的字，孔子到卫国时曾住在他的家里。

【译文】

蘧伯玉派使者去拜访孔子。孔子让使者坐下，然后问道："先生最近在做什么？"使者回答说："先生想要减少自己的错误，但未能做到。"使者走了以后，孔子说："好一位使者啊！好一位使者啊！"

【原文】

子曰："不在其位，不谋其政。"曾子曰："君子思不出其位。"

【译文】

孔子说："不在那个职位，就不要考虑那个职位上的事情。"曾子说："君子考虑问题，从来不超出自己的职位范围。"

【原文】

子曰："君子耻其言而过其行。"

【译文】

孔子说："君子认为说得多而做得少是可耻的。"

【原文】

子曰："君子道者三，我无能焉：仁者不忧，知者不惑，勇者不惧。"子贡曰："夫子自道也。"

【译文】

孔子说:"君子之道有三个方面,我都未能做到:仁德的人不忧愁,聪明的人不迷惑,勇敢的人不畏惧。"子贡说:"这正是老师的自我表述啊!"

【原文】

子贡方人①。子曰:"赐也,贤乎哉?夫我则不暇。"

【注释】

① 方人:评论、诽谤别人。

【译文】

子贡评论别人的短处。孔子说:"赐啊,你真的就那么贤良吗?我可没有闲工夫去评论别人。"

【原文】

子曰:"不患人之不己知,患其不能也。"

【译文】

孔子说:"不忧虑别人不知道自己,只担心自己没有本事。"

【原文】

子曰:"不逆①诈,不亿②不信,抑亦先觉者,是贤乎!"

【注释】

① 逆：预先猜测。

② 亿：同"臆"，无根据地猜测。

【译文】

孔子说："不预先怀疑别人欺诈，也不猜测别人不诚实，然而能事先察觉别人的欺诈和不诚实，这就是贤人了。"

【原文】

微生亩①谓孔子曰："丘，何为是栖栖②者与？无乃为佞乎？"孔子曰："非敢为佞也，疾固也。"

【注释】

① 微生亩：鲁国人。

② 栖栖：忙碌的样子。

【译文】

微生亩对孔子说："孔丘，你为什么这样四处奔波游说呢？你不就是要显示自己的口才和花言巧语吗？"孔子说："我不是勇于花言巧语，只是痛恨那些顽固不化的人。"

【原文】

子曰："骥①不称其力，称其德也。"

【注释】

① 骥：千里马。

【译文】

孔子说:"千里马值得称赞的不是它的气力,而是它的品德。"

【原文】

或曰:"以德报怨,何如?"子曰:"何以报德? 以直报怨,以德报德。"

【译文】

有人说:"用恩德来报答怨恨怎么样?"孔子说:"用什么来报答恩德呢? 应该是用正直来报答怨恨,用恩德来报答恩德。"

【原文】

子曰:"莫我知也夫!"子贡曰:"何为其莫知子也?"子曰:"不怨天,不尤人。下学而上达,知我者其天乎!"

【译文】

孔子说:"没有人了解我啊!"子贡说:"怎么能说没有人了解您呢?"孔子说:"我不抱怨上天,也不责备人。学习平常的知识却能够透彻地了解很深的道理,了解我的只有天吧!"

【原文】

公伯寮①愬②子路于季孙。子服景伯③以告,曰:"夫子固有惑志于公伯寮,吾力犹能肆诸市朝④。"子曰:"道之将行也与,命也;道之将废也与,命也。公伯寮其如命何!"

【注释】

① 公伯寮:姓公伯名寮,字子周,孔子的学生,曾任季氏的家臣。

② 愬(sù):同"诉",告发,诽谤。

③ 子服景伯:鲁国大夫,姓子服名伯,景是他的谥号。

④ 肆诸市朝:古时处死罪人后陈尸示众。

【译文】

公伯寮向季孙毁谤子路。子服景伯把这件事告诉孔子,并且说:"季孙氏已经被公伯寮迷惑了,我的力量能够把公伯寮杀了,把他陈尸于市。"孔子说:"道能够得到推行,是天命决定的;道不能得到推行,也是天命决定的。公伯寮能把天命怎么样呢?"

【原文】

子曰:"贤者辟①世,其次辟地,其次辟色,其次辟言。"子曰:"作者七人矣。"

【注释】

① 辟:同"避",逃避。

【译文】

孔子说:"贤人逃避恶浊的社会而隐居,次一等的逃避到另外一个地方去,再次一点的逃避别人难看的脸色,再次一点的回避别人难听的话。"孔子又说:"这样做的已经有七个人了。"

【原文】

子路宿于石门。晨门曰:"奚自?"子路曰:"自孔氏。"曰:"是知其不可而为之者与?"

【译文】

子路夜里住在石门,看门的人问:"从哪里来?"子路说:"从孔子那里来。"看门的人说:"是那个明知做不到却还要去做的人吗?"

【原文】

子击磬①于卫,有荷蒉②而过孔氏之门者,曰:"有心哉,击磬乎!"既而曰:"鄙哉!硁硁③乎!莫己知也,斯己而已矣。深则厉,浅则揭④。"子曰:"果哉!末之难矣。"

【注释】

① 磬(qìng):一种乐器的名称。

② 荷蒉(kuì):肩背着草筐。

③ 硁(kēng)硁:击磬的声音。

④ 深则厉,浅则揭:《诗经·邶风·匏有苦叶》的诗句,水深就穿着衣服涉水过河,水浅就撩起衣服涉水过河。

【译文】

孔子在卫国,一次正在敲击磬,有一位背扛草筐的人从门前走过说:"这个击磬的人有心思啊!"一会儿又说:"声音硁硁的,真可鄙呀!没有人了解自己,就只为自己就是了。(好像涉水一样)水深就穿着衣服走过去,水浅就撩起衣服走过去。"孔子说:"说得真干脆,没有什么可以责问他了。"

【原文】

子张曰:"《书》云:'高宗谅阴①,三年不言。'何谓也?"子曰:"何必高宗?古之人皆然。君薨②,百官总己以听于冢宰③三年。"

① 谅阴：守丧所居住的房子。

② 薨(hōng)：古时候对君主去世的称呼。

③ 冢宰：官名，相当于后世的宰相。

【译文】

子张说："《尚书》上说，'高宗守丧，三年不谈政事。'这是什么意思？"孔子说："不仅是高宗，古人都是这样。国君死了，朝廷百官都各管自己的职事，听命于冢宰三年。"

【原文】

子曰："上好礼，则民易使也。"

【译文】

孔子说："在上位的人喜好礼，那么百姓就容易指使了。"

【原文】

子路问君子。子曰："修己以敬。"曰："如斯而已乎？"曰："修己以安人。"曰："如斯而已乎？"曰："修己以安百姓。修己以安百姓，尧舜其犹病诸？"

【译文】

子路问什么叫君子。孔子说："修养自己，保持严肃恭敬的态度。"子路说："这样就够了吗？"孔子说："修养自己，使周围的人们安乐。"子路说："这样就够了吗？"孔子说："修养自己，使所有百姓都安乐。修养自己使所有百姓都安乐,尧、舜还怕难以做到呢!"

【原文】

原壤①夷俟②。子曰:"幼而不孙弟③,长而无述焉,老而不死,是为贼。"以杖叩其胫。

【注释】

① 原壤:鲁国人,孔子的旧友。他母亲死了,他还大声歌唱,孔子认为这是大逆不道。

② 夷俟:夷,双腿分开而坐。俟,等待。

③ 孙弟:同"逊悌"。

【译文】

原壤叉开双腿坐着等待孔子。孔子骂他说:"年幼的时候,你不讲孝悌,长大了又没有什么可说的成就,老而不死,真是害人虫。"说着,用手杖敲他的小腿。

【原文】

阙党①童子将命②。或问之曰:"益者与?"子曰:"吾见其居于位③也,见其与先生并行也。非求益者也,欲速成者也。"

【注释】

① 阙党:即阙里,孔子家住的地方。

② 将命:在宾主之间传言。

③ 位:主人的位置。

阙里的一个童子来向孔子传话。有人问孔子："这是个求上进的孩子吗？"孔子说："我看见他坐在成年人的位子上，又见他和长辈并肩而行，他不是要求上进的人，只是个急于求成的人。"

【故事】

司马迁忍辱负重著《史记》

司马迁（约公元前145—前90），字子长，中国古代伟大的史学家、文学家、思想家，所著《史记》是中国第一部纪传体通史，被鲁迅称为"史家之绝唱，无韵之离骚"。

司马迁十岁开始在父亲的教导下学习古文书传，曾受董仲舒指点学习《公羊春秋》，又在古文家孔安的教导下学习《古文尚书》。家学渊源既深，复从名师受业，打下坚实的知识基础。二十岁后，司马迁开始漫游大江南北，到过长城、泰山，渡过黄河、长江。一路上考察风俗，探访古迹，采集传说，为后来编写《史记》做了很好的准备。

司马迁家族世代任太史官，这个官职并不显要，但是司马迁和他的父亲都以此为荣，他们认为修史是一项崇高的事业，都愿意为此奉献一生的精力。司马迁的父亲临去世前，对司马迁嘱咐道："我家世世代代都当史官，你将来也会接替这个职务。我早就想写一部通史，但这个愿望实现不了了。你一定要继承我的事业，千万不要忘记！"这一番嘱托极大地震撼了司马迁，司马迁坚定地回答说："我虽然没什么才能，但一定实现您的愿望！"

元封三年（公元前108年），司马迁继父职任太史令，有机会阅览汉朝宫廷收藏的所有图书、档案以及史料。那时的文字都刻在木简上或写在丝绢上，光是查阅都很费力，整理资料就更是繁复。加上当时的藏书和档案连可供查考的目录也没有,司马迁必须从一大堆木简和绢书中找线索,去整理和考证史料。司马迁为此绞尽脑汁,费尽心血。

司马迁四十一岁那年开始写《史记》,正当他全心投入撰写工作时,却因李陵事件而遭宫刑。这一年夏,汉武帝派贰师将军李广利带兵三万攻打匈奴,另派李广的孙子李陵随从李广利押运辎重。不料打了个大败仗,李广利逃了回来,李陵带领步卒五千人出居延,孤军深入浚稽山,与单于几万骑兵遭遇,五千步兵杀了五六千名匈奴骑兵。但由于得不到主力部队的支援,最后寡不敌众,被匈奴兵包围,投降了。

大臣们都谴责李陵不该贪生怕死,向匈奴投降。汉武帝问司马迁的意见,司马迁便说:"李陵带不满五千的步兵深入到敌人腹地,打击了几万敌人,虽然打了败仗,可是杀了这么多的敌人,也可以向天下人交代了。李陵不肯马上去死,一定有他的主意。他一定还想将功赎罪来报答皇上。"

汉武帝听了,认为司马迁这样为李陵辩护,是有意贬低李广利,勃然大怒道:"你这样替投降敌人的人强辩,不是存心反对朝廷吗?"就把司马迁下了狱,交给廷尉审问。司马迁被关进监狱以后,忍受了各种肉体和精神上的残酷折磨。面对酷吏,他始终不屈服,也不认罪。司马迁在狱中反复不停地问自己:"这是我的罪吗?这是我的罪吗?我一个做臣子的,就不能发表点意见?"不久,有传闻说李陵曾带匈奴兵攻打汉朝。汉武帝信以为真,便草率地处死了李陵的母亲、妻子和儿子,司马迁也因此事被判了死刑。

据汉朝的刑法,死刑有两种减免办法:一是拿五十万钱赎罪,二是受"腐刑"。司马迁官小家贫,当然拿不出这么多钱赎罪。腐刑既残酷地摧残人体和精神,也极大地侮辱人格。司马迁当然不愿意忍受这样的刑罚，悲痛欲绝，几欲自尽。可是后来他想到，人总有一死，但死的轻重意义是不同的，自己如果就这样"伏法而死"，就像牛身上少了一根毛，是毫无价值的。他毅然选择了腐刑。面对最残酷的刑罚，司马迁痛苦到了极点，但他此时没有怨恨，也没有害怕，他只有一个信念：那就是一定要活下去，一定要把《史记》写完！正因为还没有完成《史记》，他才忍辱负重地活了下来。

公元前96年，汉武帝改元大赦天下。这时司马迁五十岁，出狱后任中书令，继续发愤著书，直到公元前91年完成了《史记》的撰写。

《史记》全书包括十二"本纪"，三十"世家"，七十"列传"，十"表"，八"书"，共五个部分，计一百三十篇，五十二万余言，是中国第一部纪传体通史，对后世史学影响深远。《史记》语言生动，形象鲜明，是传记文学中的典范作品。

一个人在遭到无辜的迫害以后，通常有两种选择：要么悲观消沉，要么发愤图强。司马迁选择了后一条路。他秉持"究天人之际，通古今之变，成一家之言"的目的，将自己心中所有的"愤"全部倾注到《史记》的创作中。无论在历史上还是文学上，司马迁都获得了光辉的成就，也为后世留下了一笔珍贵的文化遗产。

【评论】

司马迁所经历的人生困境和厄运，古往今来少有。为了秉承父志和实现理想，他选择了一条艰难而又顽强的人生之路。孔子告诫我们："不怨天，不尤人。"从司马迁的身上，我们看到了积极乐观的人生态度。《史记》固然重要，但是司马迁写《史记》的经历，也是留给后人的一笔宝贵的精神财富。

卫灵公篇

卫灵公问陈①于孔子。孔子对曰:"俎豆②之事,则尝闻之矣;军旅之事,未之学也。"明日遂行。

【注释】

① 陈:同"阵",军队作战时布列的阵势。

② 俎(zǔ)豆:俎豆是古代盛肉食的器皿,这里指礼仪方面的事情。

【译文】

卫灵公向孔子问军队列阵之法。孔子回答说:"祭祀礼仪方面的事情,我还听说过;用兵打仗的事,从来没有学过。"第二天,孔子便离开了卫国。

【原文】

在陈绝粮,从者病①,莫能兴。子路愠见曰:"君子亦有穷乎?"子曰:"君子固穷,小人穷斯滥矣。"

【注释】

① 病:指为饥饿所困。

【译文】

孔子在陈国断了粮食,随从的人都饿得起不了身。子路很不高兴地来见孔子,说:"君子也有穷得毫无办法的时候吗?"孔子说:"君子虽然穷困,但还是坚持着;小人一遇穷困就无所不为了。"

【原文】

子曰："赐也！女以予为多学而识之者与？"对曰："然，非与？"曰："非也。予一以贯之。"

【译文】

孔子说："赐啊！你以为我是学得多又能够记得住吗？"子贡答道："是啊，难道不是这样吗？"孔子说："不是的。我是有一个基本观念来贯穿它的。"

【原文】

子曰："由！知德者鲜矣。"

【译文】

孔子说："由啊！懂得德的人太少了。"

【原文】

子曰："无为而治者，其舜也与？夫何为哉？恭己正南面而已矣。"

【译文】

孔子说："能够无为而治的人大概只有舜吧？他做了些什么呢？只是庄严端正地坐在朝廷的王位上罢了。"

子张问行①。子曰："言忠信,行笃敬,虽蛮貊②之邦,行矣。言不忠信,行不笃敬,虽州里,行乎哉？立,则见其参③于前也,在舆④,则见其倚于衡⑤也,夫然后行。"子张书诸绅⑥。

【注释】

① 行:通达。

② 蛮貊(mò):古人对边远少数民族的贬称,与下文的"州里"相对,喻指极远和极近的地方。

③ 参:显现。

④ 舆:马车。

⑤ 衡:车辕前面的横木。

⑥ 绅:古时候贵族系在腰间的大带子。

【译文】

子张问如何才能使自己到处都能行得通。孔子说:"说话要忠诚老实,行事要忠厚严肃,即使到了边远少数民族地区也可以行得通。说话不忠诚老实,行事不忠厚严肃,就是在本乡本土,能行得通吗？站着,就仿佛看到忠信笃敬这几个字显现在面前；坐车,就好像看到这几个字刻在车辕前的横木上,这样才能使自己到处行得通。"子张把这些话写在腰间的大带上。

【原文】

子曰："直哉史鱼①！邦有道,如矢②；邦无道,如矢。君子哉蘧伯玉！邦有道,则仕；邦无道,则可卷而怀之③。"

【注释】

① 史鱼：卫国大夫，字子鱼，他多次向卫灵公推荐蘧伯玉。

② 如矢：矢，箭，形容其直。

③ 卷而怀之：卷起来藏在怀里，喻隐退。

【译文】

孔子说："史鱼真是正直啊！国家有道，他的言行像箭一样直；国家无道，他的言行也像箭一样直。蘧伯玉也真是一位君子啊！国家有道就出来做官，国家无道就（辞退官职）把自己的主张收藏在心里。"

【原文】

子曰："可与言，而不与之言，失人；不可与言，而与之言，失言。知者不失人，亦不失言。"

【译文】

孔子说："可以与他谈的话，却不与他谈，这就是失掉了朋友；不可以与他谈的话，却与他谈，这就是浪费言语。有智慧的人既不失去朋友，又不浪费言语。"

【原文】

子曰："志士仁人，无求生以害仁，有杀身以成仁。"

【译文】

孔子说："志士仁人，没有贪生怕死而损害仁的，只有牺牲自己的性命来成全仁的。"

子贡问为仁。子曰："工欲善其事,必先利其器。居是邦也,事其大夫之贤者,友其士之仁者。"

【译文】

子贡问怎样实行仁德。孔子说："做工的人想把工作做好,首先必须使他的工具锋利。住在这个国家,就要侍奉大夫中的那些贤者,与士人中的仁者交朋友。"

颜渊问为邦。子曰："行夏之时①,乘殷之辂②,服周之冕,乐则韶舞。放③郑声,远佞人。郑声淫,佞人殆。"

【注释】

① 夏之时:夏朝的历法,便于农业生产。
② 辂(lù):天子所乘的车。
③ 放:禁绝。

【译文】

颜渊问怎样治理国家。孔子说："用夏朝的历法,乘殷朝的车子,戴周朝的礼帽,乐舞就用韶和舞。禁绝郑国的乐曲,疏远能言善辩的人。郑国的乐曲浮靡不正派,奸佞的小人太危险。"

【原文】

子曰:"人无远虑,必有近忧。"

【译文】

孔子说:"人没有长远的考虑,一定会有眼前的忧患。"

【原文】

子曰:"已矣乎! 吾未见好德如好色者也。"

【译文】

孔子说:"完了,我从来没有见像喜好美色那样喜好德行的人。"

【原文】

子曰:"臧文仲,其窃位者与! 知柳下惠①之贤而不与立也。"

【注释】

① 柳下惠:鲁国大夫,姓展名获,字禽,他受封的地名是柳下,惠是他的谥号,所以人们也称他为柳下惠。

【译文】

孔子说:"臧文仲是一个窃居官位的人吧! 他明知道柳下惠是个贤人,却不举荐他一起做官。"

子曰:"躬自厚①而薄责于人,则远怨矣。"

【注释】

① 躬自厚:严格要求自己。

【译文】

孔子说:"多严格要求自己而少责备别人,就可以避免别人的怨恨了。"

【原文】

子曰:"不曰'如之何①,如之何'者,吾末如之何也已矣。"

【注释】

① 如之何:怎么办。

【译文】

孔子说:"遇事不想想'怎么办,怎么办'的人,我对他也不知怎么办才好。"

【原文】

子曰:"群居终日,言不及义,好行小慧,难矣哉!"

【译文】

孔子说:"整天聚在一起,说的都达不到义的标准,专好卖弄小聪明,这种人真难教导。"

【原文】

子曰:"君子义以为质,礼以行之,孙①以出之,信以成之。君子哉!"

【注释】

① 孙:同"逊",谦逊。

【译文】

孔子说:"君子以义作为根本,用礼加以推行,用谦逊的语言来表达,用忠诚的态度来完成,这就是君子了。"

【原文】

子曰:"君子病①无能焉,不病人之不己知也。"

【注释】

① 病:担心。

【译文】

孔子说:"君子只怕自己没有才能,不怕别人不知道自己。"

【原文】

子曰:"君子疾没世①而名不称焉。"

① 没世：离开人世。

【译文】

孔子说："君子担心到死他的名字都不为人们所称颂。"

【原文】

子曰："君子求诸己，小人求诸人。"

【译文】

孔子说："君子要求自己，小人要求别人。"

【原文】

子曰："君子矜而不争，群而不党。"

【译文】

孔子说："君子庄重而不与别人争执，合群而不结党营私。"

【原文】

子曰："君子不以言举人，不以人废言。"

【译文】

孔子说："君子不凭一个人说的话来举荐他，也不因为一个人不好而不采纳他的好话。"

【原文】

子贡问曰："有一言而可以终身行之者乎？"子曰："其恕乎！己所不欲,勿施于人。"

【译文】

子贡向孔子问道："有没有一句话可以终身奉行的呢？"孔子回答说："大概是恕吧！自己不愿意的,不要强加给别人。"

【原文】

子曰："吾之于人也,谁毁谁誉？ 如有所誉者,其有所试矣。斯民也,三代①之所以直道而行也。"

【注释】

① 三代:指夏、商、周。

【译文】

孔子说："我对于别人,诋毁过谁？ 赞美过谁？ 如有所赞美的,必定是曾经考验过他的。夏、商、周三代的人都是这样做的,所以三代能直道而行。"

【原文】

子曰："吾犹及史之阙文①也,有马者借人乘之,今亡矣夫。"

【注释】

① 阙文:史官记史,遇到有疑问的地方便空缺而不记,这叫作

阙文。

【译文】

孔子说:"我还能够看到史书存疑的地方,有马的人把马先给别人使用,现在见不到了吧!"

【原文】

子曰:"巧言乱德。小不忍,则乱大谋。"

【译文】

孔子说:"花言巧语会败坏人的德行,小事情不忍耐,就会败坏大事情。"

【原文】

子曰:"众恶之,必察焉;众好之,必察焉。"

【译文】

孔子说:"大家都厌恶他,我必须考察一下;大家都喜欢他,我也一定要考察一下。"

【原文】

子曰:"人能弘道,非道弘人。"

【译文】

孔子说:"人能够使道发扬光大,不是道使人的才能扩大。"

【原文】

子曰："过而不改,是谓过矣。"

【译文】

孔子说："有了过错而不改正,这才真叫错了。"

【原文】

子曰："吾尝终日不食,终夜不寝,以思,无益,不如学也。"

【译文】

孔子说："我曾经整天不吃饭,彻夜不睡觉,去左思右想,结果没有什么好处,还不如去学习。"

【原文】

子曰："君子谋道不谋食。耕也,馁①在其中矣;学也,禄在其中矣。君子忧道不忧贫。"

【注释】

① 馁:饥饿。

【译文】

孔子说："君子只谋求大道而不谋求衣食。耕田,也常要饿肚子;学习,可以得到俸禄。君子只担心道不能行,不担心贫穷。"

子曰："知及之，仁不能守之；虽得之，必失之。知及之，仁能守之，不庄以涖之，则民不敬。知及之，仁能守之，庄以涖之，动之不以礼，未善也。"

【译文】

孔子说："凭借聪明才智足以得到它，但仁德不能保持它；即使得到，也一定会丧失。凭借聪明才智足以得到它，仁德可以保持它，不用严肃态度来治理百姓，那么百姓就会不敬。凭借聪明才智足以得到它，仁德可以保持它，能用严肃态度来治理百姓，但动员百姓时不照礼的要求，那也是不完善的。"

【原文】

子曰："君子不可小知①而可大受②也，小人不可大受而可小知也。"

【注释】

① 小知：知，作为的意思，小知即做小事情。

② 大受：承担大任。

【译文】

孔子说："君子不能让他们做那些小事来考验他们，但可以让他们承担重大的使命。小人不能让他们承担重大的使命，但可以让他们做那些小事来考验。"

【原文】

子曰:"民之于仁也,甚于水火。水火,吾见蹈而死者矣,未见蹈仁而死者也。"

【译文】

孔子说:"百姓们对于仁(的需要),比对于水火(的需要)更迫切。我只见过人跳到水火中而死的,却没有见过实行仁而死的。"

【原文】

子曰:"当仁,不让于师。"

【译文】

孔子说:"面对着仁德,就是老师,也不对他谦让。"

【原文】

子曰:"君子贞①而不谅②。"

【注释】

① 贞:一说是"正"的意思,一说是"大信"的意思,这里采用后者。

② 谅:信,守信用。

【译文】

孔子说:"君子讲大信而不拘泥于小信。"

子曰:"事君,敬其事而后其食。"

【译文】

孔子说:"侍奉君主,要认真办事而把领取俸禄的事放在后面。"

【原文】

子曰:"有教无类。"

【译文】

孔子说:"不管什么人我都教育,没有区别。"

【原文】

子曰:"道不同,不相为谋。"

【译文】

孔子说:"主张不同,不互相商议。"

【原文】

子曰:"辞达而已矣。"

【译文】

孔子说:"言词只要能表达意思就行了。"

【原文】

师冕①见，及阶，子曰："阶也。"及席，子曰："席也。"皆坐，子告之曰："某在斯，某在斯。"师冕出，子张问曰："与师言之道与？"子曰："然，固相②师之道也。"

【注释】

① 师冕：乐师，这位乐师的名字是冕。当时的乐师大多是盲人。

② 相：说明。

【译文】

乐师冕来见孔子，走到台阶沿，孔子说："这儿是台阶。"走到座席旁，孔子说："这是座席。"等大家都坐下来，孔子告诉他："某某在这里，某某在这里。"师冕走了以后，子张就问孔子："这就是与乐师谈话的道吗？"孔子说："这就是帮助乐师的道。"

【故事】

韩信小忍成大事

韩信是西汉开国的名将。他年轻时非常贫穷，因为品行不好没能被推选去做官，又不能做买卖维持生活，于是经常寄居在别人家吃闲饭，周围的人大多厌恶他。

当时有一个南昌亭长，韩信老是到他家里去混饭吃。一次两次可以，天天去吃，这个南昌亭长的老婆便不乐意了，她想出了一个解决的办法：半夜起来做饭，天亮之前把饭端到床上，全家人吃光。韩信早上照例晃荡着来吃饭，一看饭已经吃完了，心里就明白了：人家这是讨厌他了。他忍住气愤，离开了南昌亭长家，再也没有回来。

有一次韩信到河边钓鱼，正好遇见几位老大娘在洗絮，其中有一位大娘看韩信没饭吃，就把自己带的饭分给他吃。之后，她每天去洗东西都会分饭给韩信吃。有一天她对韩信说："我漂洗的工作做完了，明天就不来了，以后吃饭的问题你得自己想办法解决。"

韩信说："谢谢你，将来我一定好好地报答你。"

大娘说："大丈夫不能养活自己，还说什么大话？我是可怜你才给你饭吃，难道是希望你报答吗？"这话听起来很刺耳，但是韩信对老大娘还是心怀感激。

那时候的韩信确实惹人讨厌。正是因为这一点，大家都瞧不起他。有一天，一个地痞无赖故意羞辱韩信，说："别看你这个家伙个子高，平时还带把剑走来走去的，我看你不过是个胆小鬼！"他这么一说，立刻就围上来一大群看热闹的人。

这个无赖就更来劲了，进一步刺激韩信说："你不是有剑吗？你不是不怕死吗？你要不怕死，就拿你的剑来刺我啊！你敢吗？不敢吧？那你就从我两腿之间爬过去。"大家都看着韩信，结果韩信盯着那无赖看了一阵，把头一低，就从他的胯下爬过去了，然后趴在地上。看到这样的情景，周围看热闹的人都笑了起来。

对一个男人来说胯下之辱是奇耻大辱，韩信不管怎样也是一个破落贵族，是一个士，"士可杀而不可辱"，韩信为什么能够忍受这样的奇耻大辱呢？他是不是一个懦夫呢？

人会弯下膝盖有两种情况：一种是胆战心惊，丢掉了灵魂，"扑通"一声跪下来，这是懦夫；还有一种是先弯一下，然后往上一蹦——因为人只有蹲下来以后才能跳得高——如果是为了将来跳得高所以暂时蹲下来，这样的人便是英雄。

韩信就是这样的英雄。一般人或小人物受到一点侮辱后，第一个反应是拔刀相向，这是鲁莽，不是真正的大智大勇。真正的大勇敢是面对突发事件神色不变，别人无故把罪名加在身上也不生气，这才是君子之勇、英雄之勇、大丈夫之勇。这样的人怀着远大的志向和理想,有长远的目标,不会为眼前的一点小是非或小恩怨鲁莽地行动。

韩信面临胯下之辱,要么杀了这个家伙,但结果是自己也会被杀头,远大的理想就不能够实现了;要么就暂时忍辱爬过去,而这对一个怀有远大理想的人来说是能够忍受的。相信面对侮辱,韩信内心也挣扎得很厉害,当时心里一定有一个声音在对自己说:韩信啊韩信,你就忍了吧! 这叫作忍辱负重。

韩信是一个有远大理想和志向的英雄,这样的人绝不会满足于蝇营狗苟地活在世上,他一定要有所作为! 那么,韩信后来有了怎样的作为呢?

韩信追随项梁时,还没有什么名声。项梁战败后,韩信又投奔项羽,屡次献策以求重用,但都没有被采纳。后来汉王刘邦入蜀,韩信脱离楚军又投奔了刘邦。但因为没有名气,只当了接待宾客的小官。

后来因犯法被判处斩刑,快轮到他时,正好看见滕公,便说:"汉王不想成就统一天下的功业吗? 为什么要斩壮士!"滕公感到他的话不同凡响,又见他相貌不凡,颇感好奇,就放了他,交谈后觉得他是个人才,便举荐给刘邦,刘邦任命他为治粟都尉,也并未予以重视。后来还是萧何发现了韩信的才华,极力向刘邦推荐,才终于拜韩信为大将军。那之后,韩信立下了赫赫战功,是西汉的开国功臣。"国士无双"、"功高无二,略不世出"是楚汉之时人们对他的评价。

【评论】

司马迁在《史记》中说:我到淮阴,听当地人对我说,韩信还是个平民百姓时,心志就不同于常人。他的母亲去世,家中贫困根本无法埋葬,可是他还是找又高又宽敞的坟地,让坟墓旁可以安置万户人家。可见韩信年轻时就有远大志向,在发达之前虽然经历了很多不堪的事,但是他都能够"忍"字当头。因为一忍再忍,他终于实现了人生的辉煌。

季氏篇

季氏将伐颛臾①。冉有、季路见于孔子曰："季氏将有事于颛臾。"

孔子曰："求,无乃②尔是过与! 夫颛臾,昔者先王以为东蒙主③,且在邦域之中④矣。是社稷之臣⑤也,何以伐为?"

冉有曰："夫子⑥欲之,吾二臣者皆不欲也。"

孔子曰："求! 周任⑦有言曰:'陈力就列⑧,不能者止⑨。'危而不持,颠⑩而不扶,则将焉用彼相⑪矣? 且尔言过矣,虎兕出于柙⑫,龟玉毁于椟中,是谁之过与?"

冉有曰："今夫颛臾,固而近于费⑬,今不取,后世必为子孙忧⑭。"

孔子曰："求! 君子疾夫舍曰'欲之'而必为之辞⑮。丘也闻,有国有家者,不患寡而患不均,不患贫而患不安⑯。盖均无贫,和无寡,安无倾⑰。夫如是,故远人不服,则修文德以来⑱之,既来之,则安之。今由与求也,相夫子,远人不服而不能来也;邦分崩离析而不能守也;而谋动干戈⑲于邦内。吾恐季孙之忧,不在颛臾,而在萧墙之内⑳也。"

【注释】

① 颛臾:鲁国的附庸国,在今山东费县东北。

② 无乃:恐怕。猜测性语气。

③ 东蒙主:主持祭祀东蒙山的人。

④ 邦域之中:在鲁国国境之内。

⑤ 社稷之臣:与国家共存亡的大臣。

⑥ 夫子:指季孙氏。

⑦ 周任：古代史官。

⑧ 陈力：尽自己的力量。就列：进入朝臣行列，指担任职务。

⑨ 止：停止。指辞职。

⑩ 颠：跌倒。

⑪ 彼相：那个助手。

⑫ 兕：雌的犀牛。柙：关猛兽的木笼。

⑬ 固：坚固。费：费邑。季孙氏的采邑，在今山东费县。

⑭ 忧：祸害。

⑮ 疾：厌恨。舍曰：不说。辞：借口。

⑯ 不安：不安定。

⑰ 倾：倾覆。

⑱ 远人：远方的人。来：招致。

⑲ 干戈：武力。

⑳ 萧墙之内：萧墙，鲁国国君在宫门内所设立的屏风。这里借指鲁君。后世把"萧墙之内"作为内部发生祸乱的代称。

【译文】

季氏准备攻打颛臾。冉有、季路谒见孔子说："季氏对颛臾将使用武力。"

孔子说："冉求，这恐怕应该责备你吧！颛臾，先王曾经授权让他主持东蒙山的祭祀，而且它的国土在鲁国封疆之内，也是和鲁国共安危存亡的藩属啊！为什么要攻打它呢？"

冉有说："是季孙想这样做，我们两个并不主张他这样做的。"

孔子说："冉求！周任曾经说过：'尽自己的能力去担任职务，如果不能胜任，就辞职不干。'今天别人遇到危险你不去扶持，别人跌倒在地，你不去搀扶，那还要用你这个辅相做什么呢？而且，你的话说错了。老虎、犀牛从笼子里逃出来，龟甲、美玉在盒子里毁坏了，这是谁的过错呢？"

冉有说："今天的颛臾，城墙坚固而且接近季氏的采邑费城，现在不夺取，一定会给子孙后代留下祸害。"

孔子说："冉求！君子最厌恨不肯说自己贪得无厌，反而强词夺理找借口的人。我听说，治理国家和治理封地的人，不担忧贫困而担忧不平均，不担忧人民寡少而担忧不安定。因为分配平均了就没有贫穷，社会和谐就不会感到人口少，社会安定就没有危险。能做到这样，如果远方的人还不归服，再修文德招致他们归附；他们来了，就得使他们安心。如今仲由和冉求两人辅佐季孙，远方之人不归服；现在国家四分五裂，又不能固守保全，反而策划在国内使用武力。我恐怕季孙的忧患，不在颛臾，而来自鲁君吧！"

【原文】

孔子曰："天下有道，则礼乐征伐①自天子出；天下无道，则礼乐征伐自诸侯出。自诸侯出，盖十世希②不失矣；自大夫出，五世希不失矣；陪臣执国命③，三世希不失矣。天下有道，则政不在大夫。天下有道，则庶人④不议。"

【注释】

① 礼乐征伐：制礼作乐和出兵讨伐。

② 十世：十代。古代三十年为一世。希：少。

③ 陪臣：大夫的家臣。执国命：把持国家政权。

④ 庶人：老百姓。

【译文】

孔子说："天下政治清明，那么制礼作乐、出兵讨伐的大事由天子做出决定；天下政治黑暗，那么制礼作乐、出兵讨伐的大事由诸侯做出决定。如果政令由诸侯决定，政权大概传到十代，很少还能继续传下去的。如果政令由大夫决定，大概只能传到五代，很少不垮掉的。卿大夫的家臣掌握国家政权，最多传到三代，很少不垮掉的。天下政治清明，政权不会落在大夫手里。天下政治清明，老百姓就不会议论纷纷。"

【原文】

孔子曰："禄之去公室①五世矣，政逮②于大夫四世矣。故夫三桓之子孙微③矣。"

【注释】

① 禄：俸禄。这里指代国家政权。去：丧失、离开。公室：鲁国王室。

② 逮：及、到。

③ 三桓：鲁国孟孙、叔孙、季孙氏三卿，他们都是鲁桓公之后，故称三桓。微：衰微。

【译文】

孔子说："鲁国君主失去权力已经五代了，政权落到季氏大夫手里已经四代了，所以鲁桓公的三房子孙也该衰微了。"

【原文】

孔子曰："益者三友，损①者三友。友直，友谅②，友多闻，益矣；友便辟③，友善柔④，友便佞⑤，损矣。"

① 损:损害。

② 谅:信实。

③ 便辟:阿谀奉承。

④ 善柔:当面恭维、背后诽谤。

⑤ 便佞:花言巧语。

【译文】

孔子说:"有益的朋友有三种,有害的朋友有三种。与正直的人交朋友,与诚实的人交朋友,与见多识广的人交朋友,这是有益的。与阿谀奉承的人交朋友,与当面恭维、背后诽谤的人交朋友,与花言巧语的人交朋友,这是有害的。"

【原文】

孔子曰:"益者三乐,损者三乐。乐节①礼乐,乐道人之善②,乐多贤友③,益矣;乐骄④乐,乐佚游⑤,乐宴乐⑥,损矣。"

【注释】

① 节:调节,节制。

② 善:优点、好处。

③ 贤友:好朋友。

④ 骄:骄傲。

⑤ 佚游:游荡。

⑥ 宴乐:以吃喝为乐。宴:宴会。

【译文】

孔子说:"有益的喜好有三种,有害的喜好也有三种。以礼乐规范自己为喜好,以称赞他人的好处为喜好,以多交贤德的朋友为喜好,这是有益的喜好;乐于骄奢淫逸,乐于游荡无度,乐于吃吃喝喝,这是有害的喜好。"

【原文】

孔子曰:"侍于君子有三愆①:言未及之②而言,谓之躁;言及之而不言,谓之隐;未见颜色而言,谓之瞽③。"

【注释】

① 愆(qiān):过失,过错。

② 及之:轮到他。

③ 颜色:脸色,指君子的脸色。瞽(gǔ):瞎子。

【译文】

孔子说:"在所侍奉的君子面前说话容易犯三种过失:没有轮到他发言就抢着说,叫作急躁;轮到他发言而不说,叫作隐瞒;不看君子的脸色就贸然开口发言,就像是睁眼瞎。"

【原文】

孔子曰:"君子有三戒:少之时,血气未定,戒之在色①;及其壮也,血气方刚,戒之在斗;及其老也,血气既衰,戒之在得②。"

【注释】

① 色:女色。

② 得:贪,指贪求名利。

孔子说:"君子应该戒备三件事:少年的时候,血气没有养成,要戒贪恋女色;到了壮年,血气正当旺盛,要戒逞强好斗;到了老年,血气已经衰退,要戒贪得无厌。"

【原文】

孔子曰:"君子有三畏①:畏天命,畏大人②,畏圣人之言。小人不知天命而不畏也,狎③大人,侮④圣人之言。"

【注释】

① 畏:敬畏。

② 大人:有修养、有地位的人,也可指君、亲、师。

③ 狎(xiá):轻视,调戏。

④ 侮:侮慢。

【译文】

孔子说:"君子有三件畏惧的事情:敬畏上天之大命,敬畏有位的大人,敬畏圣人的言语。小人则不知道天命而无所畏惧,轻视王公大人,侮慢圣人的言语。"

【原文】

孔子曰:"生而知之者,上也;学而知之者,次也;困而学之,又其次也;困而不学,民斯为下矣。"

【译文】

孔子说:"天生就有知识的人是上等人;经过学习掌握知识的人

是次等人；遇到困难而学习的人是又次一等的人；遇到困难还不愿学习的人，那是最下等的人。"

【原文】

孔子曰："君子有九思①：视思明，听思聪②，色思温，貌思恭，言思忠，事思敬，疑思问，忿思难③，见得思义。"

【注释】

① 九思：九种思考。

② 聪：清楚。

③ 难：急难、后患。

【译文】

孔子说："君子有九件事要认真思考。看的时候要考虑是否看明白，听的时候要考虑是否听清楚了，脸色要考虑是否温和，容貌要考虑是否恭敬，说话要考虑是否忠诚，办事要考虑是否认真，有疑问要考虑怎样请教别人，将要发怒时要考虑有什么后患，看见可得到的名利时要考虑是否符合道义。"

【原文】

孔子曰："见善如不及①，见不善如探汤②，吾见其人矣，吾闻其语矣。隐居以求其志，行义以达其道③，吾闻其语矣，未见其人也。"

【注释】

① 不及：赶不上。

② 探汤：手伸进沸水里。

③ 道：主张。

【译文】

孔子说:"见到善的行为,就像赶不上似的努力追赶,看见不善的行为,就像手将碰到沸水似的赶快避开,我看见过这样的人,我听见过这样的话。隐退闲居以保全自己的志向,履行仁义以实现自己的主张,我听见过这样的话,但我没有看见过这样的人。"

【原文】

齐景公有马千驷①,死之日,民无德而称②焉。伯夷、叔齐饿于首阳③之下,民到于今称之。其斯之谓与?

【注释】

① 千驷:四千匹马。

② 称:称道。

③ 首阳:首阳山,在何处已不详。

【译文】

齐景公有四千匹马,他死的时候,老百姓对他没有什么德行可称道。伯夷、叔齐在首阳山下饿死,老百姓直到现在还在称赞他们。大概说的就是这个意思吧?

【原文】

陈亢问于伯鱼①曰:"子亦有异闻②乎?"对曰:"未也。尝独立,鲤趋而过庭。曰:'学诗乎?'对曰:'未也。''不学诗,无以言③。'鲤退而学诗。他日,又独立,鲤趋而过庭。曰:'学礼乎?'对曰:'未也。''不学礼,无以立④。'鲤退而学礼,闻斯⑤二者。"陈亢退而喜曰:"问一得三:闻诗,闻礼,又闻君子之远⑥其子也。"

【注释】

① 陈亢：即陈子禽，孔子的学生。伯鱼：孔子的儿子，名鲤，字伯鱼。

② 异闻：特别的教导。

③ 无以言：不善于说话。

④ 立：立足于社会。

⑤ 斯：这个。

⑥ 远：指不偏爱。

【译文】

陈亢问孔鲤说："你是否听到过老师特别的教导？"孔鲤回答说："没有。不过有一次，他独自站在那儿，我快步走过庭院，他问我：'学《诗》没有？'我回答说：'没有。'他说：'不学《诗》，就不会在社交中应答。'我后来就去学《诗》。又有一天，他也是独自站在那儿，我快步走过庭院，他又问我说：'学《礼》了吗？'我回答说：'没有。'他说：'不学《礼》，就不能在社会上立身成事。'我后来就去学《礼》。我只听到过这两件事。"陈亢回去后，高兴地说："我问了一个问题，却得到三点收获：听到要学《诗》的道理；听到要学《礼》的道理；还听到了君子不偏爱自己儿子的态度。"

【原文】

邦君①之妻，君称之曰夫人；夫人自称曰小童；邦人②称之曰君夫人，称诸异邦③曰寡小君；异邦人称之，亦曰君夫人。

【注释】

① 邦君：国君。

② 邦人：国内人民。

③ 异邦：外国，别的国家。

【译文】

国君的妻子，国君称呼她夫人，夫人自己称呼为小童。国内的人称呼她为君夫人；在其他国家的人面前便称她为寡小君；其他国家的人也称呼她为君夫人。

【故事】

管鲍之交

在中国历史上，朋友之间友情深厚的当数"管鲍之交"，他们的友谊已成为朋友交往的理想典范。

春秋时期的政治家管仲和鲍叔牙是好朋友，他们在年轻时就已结识，彼此很信任。两人合伙做生意，因管仲家境贫寒，本钱就少拿一些，鲍叔牙家境殷实，出资就多些。赚钱后分配红利时，管仲多拿了一些。

鲍叔牙的手下都愤愤不平，认为鲍叔牙吃了大亏："真糊涂！两个人合伙做买卖，本钱都是鲍叔牙的，赚了钱，管仲凭什么多分呢？"这时鲍叔牙说："他多拿一些红利是我的主意。因为他家境不好，一家子老小都指望他。"

管仲和鲍叔牙也曾随军出征，冲锋时管仲总是躲在后面，撤退时却又跑在前面，大家都对管仲很不满，认为他是个贪生怕死的人。

鲍叔牙知道后对人们说："你们误会管仲了，他不肯拼命是因为他的母亲年纪大了，只有管仲这一个儿子，他需要留着命去照顾母亲呀！"

管仲做过三次官，但是每次都被罢免，大家开始耻笑他。鲍叔牙知道后,就对人们说:"其实管仲并不是没有才能,而是运气不好,没有碰到赏识他的人。这些小事也不适合他来做,他的能力是很强的,还可以做更大的事。"

当时齐国君主齐襄公有两个儿子,公子小白和公子纠。公子纠看中了管仲的才干,让他成为自己的谋士;而鲍叔牙则辅佐公子小白,成为其军师。就这样,两个好朋友各辅助一位公子,并且都很忠于自己的主公。齐襄公在位时,荒淫无道,随意诛杀,人人自危。管仲和鲍叔牙非常有远见,不约而同地预感到齐国将会有大乱发生,所以他们都想方设法替自己的主公寻找出路。管仲带公子纠去了鲁国避难,而公子小白随鲍叔牙去了莒国避祸。

这两位王子在别国苦苦等待的时候,属于他们的机会来了。公元前686年,齐国发生内乱,齐襄王被杀死。公子纠与公子小白听到消息,都觉得自己很有机会继承王位,争先恐后地返回齐国,因为谁先到达谁便会被视为王位的继承者。

管仲为自己的主公出谋划策:公子小白在莒国距离齐国很近,假使他先一步到达齐国,那我们就没有机会了。不如我先带一队人马去截住公子小白,让鲁国再派人带队护送您回齐国。公子纠很满意,同意了这个计划。

管仲带领兵马去莒国与齐国的交界处拦截公子小白,赶到时正碰上鲍叔牙领队护送公子小白的队伍。管仲弯弓取箭向公子小白射去,只听公子小白一声惨叫,口吐鲜血地躺倒在车上。管仲以为成功,带着人马逃离而去。

不料这一箭却没有射死公子小白,只射在了他的铜制带钩之上。原来小白深知管仲箭法出众,如果发现没射中再补一箭的话,自己可就没命了,于是将计就计,咬破舌头吐血大叫地倒在车里装死。鲍叔牙见公子小白无事,大喜,命部队火速返回齐国。在鲍叔牙的帮助和齐国大臣的拥立下,公子小白顺利地登上君位,史称齐桓公。

齐桓公准备拜鲍叔牙为国相,不料鲍叔牙却力荐管仲担当此职。齐桓公说:"他曾经要置我于死地,我不杀他就不错了,怎么还会任用他做宰相呢?"

鲍叔牙回答说:"当时两军对垒,管仲忠于其主,箭在弦上,不得不发。现在如果得到重用,他一定会像效忠公子纠一样来效忠您的。"

齐桓公又问:"管仲与你相比呢?"

鲍叔牙说:"与管仲相比,我有五点不如他:宽以从政,惠以爱民;治理江山,权术安稳;取信于民,深得民心;制订礼仪,风化天下;整治军队,勇敢善战。所以要是他当宰相的话,一定可以使齐国很快强盛起来。"如此肝胆相照的话,终于说服了齐桓公。

这时鲁国军队护送公子纠才到干时(鲁国与齐国交界处),齐桓公亲自领军迎战,齐军大胜。齐军乘胜追击,进入鲁国境内。

鲍叔牙怕鲁国因战败向齐国悔罪而杀害管仲,又亲自带兵威胁鲁国,提出了两个条件:一、公子纠是齐桓公的亲兄弟,自己不好处理,请鲁国解决;二、管仲与齐国君主有仇,齐桓公必须要亲手杀死他。大兵压境,鲁国没有办法,只好照办。杀了公子纠,将管仲装入囚车,送回齐国。

经鲍叔牙的建议,齐桓公选择吉日,以非常隆重的礼节,亲自去迎接管仲,表示对管仲的重视和信任,并提出了让他任丞相的想法。管仲说:"我是应该被砍头的人,非常侥幸活下来,只要有一口饭吃就不错了。要我担任国家的大政,恐怕不能胜任。"

齐桓公说:"只要先生接受我的委任而担任国家重臣,我就一定当得好一国之主。先生如不肯担当重任,我恐怕会把国家弄得崩溃了。"管仲看他这么坦白诚恳,就答应了。

管仲既感激鲍叔牙的友情,更折服于齐桓公的大度和睿智,故竭尽全力治理齐国。经过他的改革,齐国很快兴盛,得到了"九合诸侯,一匡天下"的地位,成就了齐桓公的霸业。

鲍叔牙死后,管仲在他的墓前痛哭失声,想起鲍叔牙对他的理解和支持,想起往日深厚的情谊,他感叹说:"当初,我辅佐的公子纠战败了,其他大臣都以死誓忠,只有我甘心被囚困,鲍叔牙当时并没有耻笑我没有气节,他知道我是为了图谋大业而不在乎一时的名声。真是生养我的是父母,但是真正了解我的是鲍叔牙啊!"

管仲有名垂青史的光辉业绩,鲍叔牙也许只是管仲辉煌生涯的一个配角,却与管仲一同载入史册。鲍叔牙对艰苦困难甘之如饴,心平气和,始终以配角的身份坦然承受朋友光环的照耀,这就需要相当的宽容和气度,以及对待朋友的真诚和信任。

【评论】

管仲与鲍叔牙的故事很好地诠释了朋友的交往之道,因此被传为千古美谈。他们之间所经历的风风雨雨,也将友谊演绎到了极致。即使在今天,在朋友之间,在人与人交往中,这样真挚的友情仍令人动容。

阳货篇

【原文】

阳货①欲见孔子,孔子不见,归孔子豚②。孔子时③其亡也,而往拜之,遇诸涂④。谓孔子曰:"来!予与尔言。"

曰:"怀其宝而迷其邦,可谓仁乎?"曰:"不可。"

"好从事而亟⑤失时,可谓知乎?"曰:"不可。"

"日月逝矣,岁不我与。"

孔子曰:"诺,吾将仕矣。"

【注释】

① 阳货:名虎,季氏的家臣。季氏把持鲁国的政治,此时阳货又把持季氏的权柄。

② 归:通"馈",赠送。豚:小猪,这里指蒸熟的小猪。

③ 时:通"伺",窥伺,暗中窥探。

④ 涂:通"途",道路。

⑤ 亟(qì):屡次。

【译文】

阳货想叫孔子去拜见他,孔子却不去,阳货便派人送给孔子一头蒸熟了的乳猪。孔子打听到他不在家时,才去回拜。不巧,两人在路途上相遇了。阳货对孔子说:"来!我有话与你说。"

阳货说:"把自己的本领藏了起来,却听任国家迷乱,这可以叫作仁吗?"(孔子不回答,)阳货自己说:"不可以。"

阳货又说:"喜好参与政事,却屡次错过机会,这叫作聪明吗?"(孔子仍不回答,)阳货又自己接着说:"不可以。"

阳货说:"时光一天天消逝了,岁月是不等人的呀!"

孔子说:"好吧!我打算出去做官了。"

子曰:"性相近也,习相远也。"

【译文】

孔子说:"人的本性是相近的,由于习惯和影响的不同,才渐渐地相差很远了。"

【原文】

子曰:"唯上知与下愚,不移。"

【译文】

孔子说:"只有最上等的智者和最下等的愚人,是不会改变的。"

【原文】

子之武城,闻弦歌之声。夫子莞尔而笑,曰:"割鸡焉用牛刀?"

子游对曰:"昔者偃也闻诸夫子曰:'君子学道则爱人,小人学道则易使也。'"

子曰:"二三子,偃之言是也。前言戏之尔。"

【译文】

孔子到了武城,听到弹琴唱歌的声音。孔子微微一笑,说:"杀鸡哪里用得着宰牛的刀?"

子游回答说:"以前我从老师那里听说过:'做官的学了礼乐就

会爱人,老百姓学了礼乐就容易使唤(这有何不可?)。"

孔子说:"弟子们,言偃的话说得对,我刚才不过是句玩笑罢了。"

【原文】

公山弗扰以费畔①,召,子欲往。

子路不说,曰:"末之也已②,何必公山氏之之③也?"

子曰:"夫召我者,而岂徒哉? 如有用我者,吾其为东周乎?"

【注释】

① 公山弗扰:又名公山不狃(niǔ),字子拽,季氏的家臣,他由于拥护阳货,在费邑叛变季氏。畔:通"叛"。

② 末:没有(地方)。之:去,往。已:止,算了。

③ 公山氏之之:即"之公山氏"。

【译文】

公山弗扰盘踞在费邑图谋造反,召孔子去他那里,孔子想去。

子路很不高兴,说:"没有地方去就算了,为什么一定要去公山弗扰那里呢?"

孔子说:"既然是召我去,难道我会白去一趟吗? 如果有人用我,我将借此机会在东方复兴周礼。"

【原文】

子张问仁于孔子。孔子曰:"能行五者于天下,为仁矣。"

"请问之。"曰:"恭,宽,信,敏,惠。恭则不侮,宽则得众,信则人任焉,敏则有功,惠则足以使人。"

子张问孔子怎样才能做到仁。孔子说:"能够在天下实行五种品德便是仁了。"

子张说:"请问哪五种?"孔子说:"恭敬、宽厚、诚信、勤敏、慈惠。恭敬于民就不会遭到侮辱,宽厚待人就能得到众人的拥护,诚实守信用就能得到百姓的信任,勤快敏捷就能取得成功,对百姓恩惠就能使他们更好地听使唤。"

【原文】

佛肸①召,子欲往。子路曰:"昔者由也闻诸夫子曰:'亲于其身为不善者②,君子不入也。'佛肸以中牟畔,子之往也,如之何?"

子曰:"然,有是言也。不曰坚乎,磨而不磷③;不曰白乎,涅④而不缁。吾岂匏瓜⑤也哉?焉能系而不食?"

【注释】

① 佛(bì)肸(xī):晋国大夫范中行的家臣,赵简子以晋侯名义攻打范氏,佛肸便以中牟为据点反抗。

② 亲于其身为不善者:以其身亲自做坏事的人的地方。于,用法同"以"。

③ 磷:薄。

④ 涅(niè):一种矿物,可作黑色染料。这里用作动词,当染讲。

⑤ 匏(páo)瓜:葫芦的一种,味苦涩,不能吃。

【译文】

佛肸召孔子去,孔子想去。子路说:"过去我听老师说过:'亲身做坏事的人那里,君子是不去的。'佛肸在中牟叛乱,您却要去,这是怎么回事呢？"

孔子说："是的，我讲过这话。（但是你知道吗？）不是说过坚硬的东西磨也磨不薄吗？不是说过洁白的东西染也染不黑吗？我难道是苦葫芦不成？怎么只能系挂在那里不让人采食呢？"

【原文】

子曰："由也！女闻①六言六蔽矣乎？"对曰："未也。"

"居②！吾语女。好仁不好学，其蔽也愚；好知不好学，其蔽也荡；好信不好学，其蔽也贼③；好直不好学，其蔽也绞④；好勇不好学，其蔽也乱⑤；好刚不好学，其蔽也狂。"

【注释】

① 六言：六个字。这是下文说的仁、知（同"智"）、信、直、勇、刚六种品德。

② 居：坐下。

③ 贼：害，危害。

④ 绞：指说话尖刻。

⑤ 乱：小指捣乱闯祸，大指犯上作乱。

【译文】

孔子说："仲由啊！你听说过六种品德和六种弊病吗？"子路回答说："没有。"

孔子说："坐下来！我告诉你。爱好仁德却不喜欢学礼度，它的弊病是会变得愚蠢；爱好聪明才智却不喜欢学礼度，它的弊病是放荡不羁；爱好讲诚信却不喜欢学礼度，它的弊病是容易被人利用，害己害人；爱好直率却不喜欢学礼度，它的弊病是说话尖刻刺人；爱好勇敢却不喜欢学礼度,它的弊病是捣乱闯祸;爱好刚强却不喜欢学礼度,它的弊病是胆大妄为。"

【原文】

子曰:"小子何莫学夫①《诗》?《诗》,可以兴②,可以观,可以群③,可以怨。迩④之事父,远之事君;多识于鸟兽草木之名。"

【注释】

① 小子:指弟子,学生。夫:这或那,指示代名词。因为意思较虚,也可不译出。

② 兴:激发。

③ 群:合群。亦即能与人相处。

④ 迩(ěr):近。

【译文】

孔子说:"弟子们,你们为什么不学习《诗经》呢?《诗》,可以激发人的志气,可以提高观察能力,可以培养与社会人群相处的本领,可以抒发怨恨的情感。近可以用其中的道理侍奉父母,远可以用其中的道理侍奉君主。还可以多知道一些鸟兽草木的名称。"

【原文】

子谓伯鱼曰①:"女为《周南》、《召南》②矣乎?人而不为《周南》、《召南》,其犹正墙面③而立也与?"

【注释】

① 伯鱼:孔子的儿子,名鲤,字伯鱼。

②《周南》、《召南》:《诗经·国风》第一、二部分篇名。周南、召南都是地域名称。周南,大体是汉水流域东部。召南,大体是汉水流域西部。儒家认为这两个地区的民歌合乎礼仪,故采集入《诗经》,名为《周南》、《召南》。

③ 正墙面:即"正墙,面墙"。正对着墙,面对着墙。

【译文】

孔子对伯鱼说:"你学了《周南》、《召南》没有? 一个人如果不学习《周南》、《召南》,那就会像正面对着墙壁站着一样(无法看见,也无法行走)了!"

【原文】

子曰:"礼云礼云,玉帛云乎哉? 乐云乐云,钟鼓云乎哉?"

【译文】

孔子说:"礼呀礼呀,难道只是指玉帛之类的礼器吗? 乐呀乐呀,难道只是指钟鼓之类的乐器吗?"

【原文】

子曰:"色厉而内荏①,譬诸小人,其犹穿窬②之盗也与?"

【注释】

① 色厉而内荏:厉,威严,荏,虚弱。外表严厉而内心虚弱。

② 穿窬(yú):钻墙洞。

孔子说:"外表严厉而内心怯懦的人,如果拿小人来做比喻,大概就好像挖洞穿墙偷东西的小偷吧?"

【原文】

子曰:"乡原^①,德之贼也。"

【注释】

① 乡原:指丧失原则,同于流俗,媚世欺心伪善者。

【译文】

孔子说:"乡里的好好先生,是损害德行的人。"

【原文】

子曰:"道听而涂说,德之弃也。"

【译文】

孔子说:"在路上听到传言就到处去传播,这是对道德的背弃。"

【原文】

子曰:"鄙夫可与事君也与哉? 其未得之也,患得之^①;既得之,患失之;苟患失之,无所不至矣。"

【注释】

① 患得之:当作"患不得之"。

【译文】

孔子说:"一个鄙俗的人,难道可以和他一起侍奉君主吗?他在没有得到职位的时候,总担心得不到。一旦得到了,又担心失去它。一个人如果总担心失去,就会什么坏事都做得出来。"

【原文】

子曰:"古者民有三疾,今也或是之亡也。古之狂也肆,今之狂也荡;古之矜也廉①,今之矜也忿戾;古之愚也直,今之愚也诈而已矣。"

【注释】

① 廉:方正,有棱角。

【译文】

孔子说:"古代的人有三种毛病,现在恐怕连这三种毛病也跟原来不一样了。古代狂妄的人不过放肆一点,现在狂妄的人简直是放荡不羁;古代骄傲自大的人只是不可冒犯,现在骄傲自大的人却凶横不讲理;古代愚笨的人简单率直,现代愚笨的人一味欺诈。"

【原文】

子曰:"巧言令色,鲜矣仁。"

【译文】

孔子说:"花言巧语,装出和颜悦色的样子,这种人'仁德'是不会多的。"

子曰："恶紫之夺朱也,恶郑声之乱雅乐也,恶利口之覆邦家者。"

【译文】

孔子说："我憎恶紫色取代大红色;憎恶郑国的音乐扰乱典雅的音乐;憎恶巧嘴利舌颠覆国家的人。"

子曰："予欲无言。"子贡曰："子如不言,则小子何述焉?"子曰："天何言哉? 四时行焉,百物生焉,天何言哉?"

【译文】

孔子说："我不想再说什么话了。"子贡说："您如果不说话,那我们这些学生还传述什么呢?"孔子说："天说了什么呢? 但春、夏、秋、冬四季照样运行,万物照样生长。天说了什么呢?"

孺悲^①欲见孔子,孔子辞以疾。将命者^②出户,取瑟而歌,使之闻之。

【注释】

① 孺悲:鲁人,鲁定公曾命他向孔子学士丧礼,故亦是孔子学生。孔子为何拒见,待考。

② 将命者:奉命的人。这里指传话的人。

【译文】

孺悲想见孔子,孔子以生病为理由推辞不见。传话的人刚出门,孔子便取过瑟来边弹边唱,故意让孺悲听见。

【原文】

宰我问:"三年之丧,期已久矣。君子三年不为礼,礼必坏;三年不为乐,乐必崩。旧谷既没,新谷既升,钻燧改火①,期可已矣。"

子曰:"食夫稻②,衣夫锦③,于女安乎?"

曰:"安。"

"女安,则为之! 夫君子之居丧,食旨不甘,闻乐不乐,居处④不安,故不为也。今女安,则为之!"

宰我出。子曰:"予之不仁也! 子生三年,然后免于父母之怀。夫三年之丧,天下之通丧也。予也有三年之爱于其父母乎?"

【注释】

① 钻燧改火:古代钻木取火,所用的木头四季不同,春用榆柳,夏用桑柘,秋用柞楢,冬用槐檀。此为岁月年轮,叫钻燧改火。改火,即改木取火。

② 食夫稻:古代北方以小米(稷)为主要食物,水稻为珍品,故服丧的人不能吃。

③ 衣夫锦:古人服丧时穿素色麻布孝衣,不能穿有纹路花样的丝织品。

④ 居处:古代服丧期间,要住在临时搭的简易草棚或木棚里守孝三年,睡在草编的垫子上,枕的是土块。这里的居处指住在平日

所住的房子里。

【译文】

宰我问："父母死了,子女守孝三年,我看为期也太久了。一个君子三年不讲习礼仪,礼仪一定会废弃掉;三年不演奏音乐,音乐一定会失传。旧谷子已经吃完,新谷子已经上场碾出来,钻火用的木头也轮换了一遍,所以守孝一年也就可以了。"

孔子说:"(父母死了,不到三年,)你就吃那白米饭,穿上那锦缎衣,对你来说心里安吗?"

宰我说:"心安。"

孔子说:"你要觉得心安,那就去做吧!君子在服丧期间,吃美味不感到香甜,听音乐不觉得快乐,住在舒适的家里不感到舒适,所以不那样做。如今你心安,你就去做好了!"

宰我出去后,孔子说:"宰予真不仁啊!儿女生下来,要到三年以后,才能离开父母的怀抱。为父母服丧三年,是天下通行的丧礼呀!难道宰予就没有从他父母的怀抱中得到过三年的爱抚吗?"

【原文】

子曰:"饱食终日,无所用心,难矣哉!不有博弈①者乎?为之,犹贤乎已?"

【注释】

① 博弈:博,古代一种棋类游戏。弈,即现在的围棋。

【译文】

孔子说:"整天吃饱了饭,却不动一点脑筋去做点正事,这种人真难办!不是有下棋的游戏吗?下棋也比什么都不做强。"

【原文】

子路曰:"君子尚勇乎?"子曰:"君子义以为上。君子有勇而无义为乱,小人有勇而无义为盗。"

【译文】

子路说:"君子崇尚勇敢吗?"孔子说:"君子最崇尚的是义。假如君子只有勇而不讲义,就会犯上作乱;小人有勇而不讲义就会去偷窃。"

【原文】

子贡曰:"君子亦有恶乎?"子曰:"有恶:恶称人之恶者,恶居下流①而讪上者,恶勇而无礼者,恶果敢而窒者。"

曰:"赐也亦有恶乎?""恶徼以为知者,恶不孙以为勇者,恶讦以为直者。"

【注释】

① 流:较早版本的《论语》无"流"字。

【译文】

子贡说:"君子也有憎恶吗?"孔子说:"有憎恶,君子憎恶传扬别人的坏处,憎恶处在下位而诽谤在上位者,憎恶有勇力却不讲礼的人,憎恶果断勇敢而闭塞不通的人。"

孔子说:"赐,你也有憎恶吗?"子贡回答说:"我憎恶抄袭别人的东西却自以为聪明的人,憎恶毫不谦逊还自以为勇敢的人,憎恶攻击别人的隐私还自以为正直的人。"

子曰:"唯女子与小人为难养也,近之则不孙,远之则怨。"

【译文】

孔子说:"只有女子和小人是很难护养的。亲近了,他们就会无礼;疏远了,他们又会抱怨。"

子曰:"年四十而见恶焉,其终也已。"

【译文】

孔子说:"(一个人到了)四十岁还被人厌恶,他这一辈子恐怕也就完了。"

【故事】

匡衡是好学楷模

匡衡,字稚圭,西汉时期东海郡承县人。匡衡从小就勤奋好学,由于家境贫穷,他必须白天工作赚钱糊口,只能利用晚上的时间来读书。可是他又买不起蜡烛,天一黑就不能看书了。这个问题没有办法解决,让他感觉非常痛苦。

匡衡有一个富有的邻居,一到晚上几间屋子都点起了蜡烛,把屋子照得通亮。匡衡有一天鼓起勇气对邻居说:"我晚上想要看书,可是买不起蜡烛,不知是否可以借用你们家的一寸之地呢?"

邻居讥讽他说:"都穷得买不起蜡烛了,还读什么书呢?"

匡衡听完十分气愤，不过邻居的话更激起了他的决心：一定要把书读好。

很快匡衡想出了一个办法：偷偷在墙上挖了个小洞，邻居家的烛光就能从洞中透过来了。这样，他借着微弱的光线，如饥似渴地读起书来。穷人家的书不多，不久，他就把家里的书全读完了。

匡衡读完这些书后，感觉自己所掌握的知识实在太少。读更多的书、增长更多的知识成为他迫切的愿望。附近有个大户人家，家里有很多藏书。有一天，匡衡带着铺盖到这户人家，央求那家主人："请您收留我吧！我帮您家工作，不要报酬，只要让我阅读您家的书籍就行。"

主人也是一个知书达礼的人，被他的精神感动，于是就答应了他的要求。匡衡有了很好的读书机会，再加上勤奋努力，终于成了一个知识渊博的人。

匡衡曾经拜当时的博士学习《诗经》。因为勤奋学习，他对《诗经》的理解非常深入。匡衡能够为人们透彻地讲解《诗经》，当时的人也很乐意听他讲解，还为他编了一首有趣的歌谣："没有人会讲解《诗经》，请匡鼎来。匡鼎来讲授《诗经》，能解除人们的疑问和忧愁。"

歌谣中提到的"鼎"是匡衡的小名。透过这首歌谣，可以看出人们对匡衡的敬佩和赞叹。当时的镇子上也有一个人讲解《诗经》，匡衡想与这个人共同探讨，就前去听讲。在和这个人讨论《诗经》的疑难问题时，这个人辩论不过匡衡，羞愧地倒穿着鞋跑了。匡衡追上去对这个人说："先生请留步，听我和你讨论刚才的问题。"那个人说了一句"我讲不出什么来了"就走了。在匡衡的面前，很少有人说自己的学问大。

虽然很有学问，但是匡衡的仕途刚开始时并不顺利。根据汉朝的规定，博士的弟子掌握"六经"中的一经，即可通过考试获得官职，考试成绩是甲科的人可以做郎中，成绩为乙科的人可以做太子舍人，成绩是丙科的人只能补文学掌故。匡衡前后考了九次，最后才中了个丙科，于是被补为太原郡的文学卒史。此时的匡衡官职卑微，但是他对《诗经》有很高的造诣，这一点被当时经学家们所推崇。当时汉元帝还只是太子，但是他对匡衡已经很有好感。

元帝即位之后，破格提拔匡衡为郎中，后来又升为博士，常侍在左右。当时京城长安一带发生了日食、地震等自然灾害，匡衡趁机上书，引用《诗经》表明上行而下效的道理，劝元帝勤俭节约，制定各种规章制度，起用忠良，远离小人，在百姓中推行道德教化，弘扬礼让仁和之风。元帝对匡衡的奏书大加赞赏，匡衡因此又升迁为光禄大夫、太子少傅。

汉元帝非常喜好儒家文化，对《诗经》尤其喜爱。他曾多次听匡衡讲解《诗经》，十分赞赏匡衡的才学。公元前36年，丞相韦玄成病逝，匡衡做代理丞相，被封乐安侯，辅佐皇帝，总理全国政务。一人之下、万人之上的匡衡，可以说是因好学明经而位极人臣的典范了。

在匡衡任职期间，他多次上书陈述自己对朝廷政策的意见，陈述治国之道，并经常参与研究、讨论国家大事，按照经典予以对答，所言非常符合儒家的规范，博得了元帝的信任。每当朝廷大臣讨论政务时，匡衡总是引《诗经》为据。匡衡的主张得到元帝及后来的汉成帝的支持，有了很大的用武之地。当然，这与当时的环境也有关：从汉朝中期开始，统治者独尊儒术，推重经学，把它们作为统治的手段。

在汉元帝统治后期，宦官石显身居高位，结党营私，把持朝政，还怂恿元帝加重赋役，剥削百姓，激发了社会冲突，但是因为有皇帝的宠幸，没人敢触犯他。汉成帝即位后，匡衡上疏弹劾石显，列举他之前所犯的种种罪恶，还揭发、纠举其党羽，剪除了这伙势力，这是匡衡为汉朝尽忠所做的最后一件事。此后不久，匡衡与同事渐渐疏离，再后来因为多占封地被罢了官，最终被贬为平民，返回故里没几年后就病死了。

【评论】

在《阳货》篇中，孔子多次劝导弟子努力学习。匡衡就是一个好学的楷模，他靠着执着的信念、坚强的毅力，努力追求知识，最终实现了人生抱负。匡衡的生活条件很差，但是环境并没有影响他进步的决心。匡衡的经历说明：内因才是事物发展、变化的根据和第一位的原因。"凿壁偷光"这个出自匡衡的故事的成语，激励着后人努力学习。

微子篇

【原文】

　　微子①去之,箕子②为之奴,比干③谏而死。孔子曰:"殷有三仁焉。"

【注释】

　　① 微子:名启,纣王的同母哥哥。纣王暴虐无道,不听微子规劝,为了保住宗庙祭祀,微子离开了纣王。

　　② 箕子:名胥余,纣王的叔父。纣王不听规劝,箕子披发装疯,被纣王降为奴隶。

　　③ 比干:纣王的叔父,相传他多次劝谏纣王,被剖心而死。

【译文】

　　(殷纣王昏乱残暴不听规劝,)微子离他隐去,箕子被降为奴隶,比干力谏而被杀害。孔子说:"殷朝有三位仁人呀!"

【原文】

　　柳下惠为士师①,三黜。人曰:"子未可以去乎?"曰:"直道而事人,焉往而不三黜?枉道②而事人,何必去父母之邦③?"

【注释】

　　① 柳下惠:姓展,名获,又名禽。鲁国的贤大夫,柳下是他的封地,惠是他的谥号。士师:主管刑法的官。

　　② 枉道:曲道,即不走正道。

　　③ 父母之邦:父母居住的国家,即自己的祖国。

【译文】

　　柳下惠当了司法官,多次被免职。有人说:"你不能离开这里吗?"他说:"如果按照正直之道侍奉君主,到哪里去能够不被多次罢官呢? 如果按照邪枉之道侍奉君主,何必要离开自己的国家呢?"

【原文】

齐景公待孔子曰:"若季氏,则吾不能;以季孟之间待之。"曰:"吾老矣,不能用也。"孔子行。

【译文】

齐景公讲到对待孔子的打算时说:"要像(鲁君对待)季氏那样(对待他),那我做不到;我将用比季氏低一些,而又比孟氏高一些的礼遇对待他。"不久又说:"我老了,不能用他了。"孔子便离开了齐国。

【原文】

齐人归①女乐,季桓子②受之,三日不朝,孔子行。

【注释】

① 归:通"馈",赠送。
② 季桓子:即季孙斯,鲁国的上卿。

【译文】

齐国送来了许多歌伎舞女给鲁国,季桓子接受了,好多天都不上朝,孔子见此情形便离开了鲁国。

【原文】

楚狂接舆①歌而过孔子曰:"凤兮! 凤兮! 何德之衰②? 往者不可谏,来者犹可追。已而,已而! 今之从政者殆而!"孔子下,欲与之言。趋而辟之,不得与之言。

【注释】

① 接舆：楚国的一位贤人，为逃避现实而装疯，故说他是狂人。"接舆"并非他的真名。因为他接近孔子的车，因此称他为接舆。

② 凤兮！凤兮！何德之衰：古人称凤是一种灵禽，世道清明才出现。接舆用凤比喻孔子，批评社会如此黑暗，孔子却不去隐居。

【译文】

楚国的狂人接舆唱着歌走过孔子的车旁，他唱道："凤鸟呀！凤鸟呀！你的命运为什么会这样不济呢？已经过去了的是无法挽回了，未来的事还来得及赶上。隐退吧！隐退吧！现今从政的人很危险啊！"

孔子下了车，想和他谈谈。楚狂人却赶快避开了，孔子没能和他交谈。

【原文】

长沮、桀溺①耦而耕②，孔子过之，使子路问津焉。

长沮曰："夫执舆者为谁？"子路曰："为孔丘。"

曰："是鲁孔丘与？"曰："是也。"曰："是知津③矣。"

问于桀溺。桀溺曰："子为谁？"曰："为仲由。"

曰："是鲁孔丘之徒与？"对曰："然。"

曰："滔滔者天下皆是也，而谁以易之？且而与其从辟人之士也，岂若从辟世之士哉？"耰④而不辍。子路行以告。

夫子怃然⑤曰："鸟兽不可与同群，吾非斯人之徒与而谁与？天下有道，丘不与易也。"

【注释】

① 长沮、桀溺：两位隐者，真实姓名不详。

② 耦而耕：用耦耕的方法来耕地。耦，两人并肩耕作叫"耦"。

③ 津：渡口。

④ 耰（yōu）：播下种子后，用土覆盖。

⑤ 怃然：怅然失意的样子。

【译文】

长沮、桀溺两人一同耕田，孔子经过那里，叫子路去向他们打听渡口。

长沮说："那个驾车的人是谁？"子路说："是孔丘。"

长沮又问道："是鲁国的孔丘吗？"子路说："是的。"长沮说："这个人应该知道渡口在哪里。"

子路又问桀溺。桀溺说："你是谁？"子路说："我是仲由。"

桀溺说："鲁国孔丘的门徒吗？"子路回答说："是的。"

桀溺说："（礼崩乐坏之势）就像滔滔的洪水泛滥一样，天下皆然，你们谁能够改易过来呢？而且，你与其跟从（孔丘那样的）逃避坏人的人，倒不如跟从（我们这些）逃避整个污浊社会的人呢？"一边说一边不停地耙土。子路回来告诉了孔子。

孔子怅然若失地说道："鸟兽，是不能与它们合群的，我不跟天下的人在一起，又跟谁在一起呢？如果天下政治清明，我孔丘就不会去改变它了。"

【原文】

子路从而后，遇丈人①，以杖荷蓧②。子路问曰："子见夫子乎？"

丈人曰："四体不勤，五谷不分。孰为夫子？"植其杖而芸③。子路拱而立。止子路宿，杀鸡为黍④而食之，见其二子焉。

明日,子路行以告。子曰:"隐者也。"使子路反见之。至,则行矣。

　　子路曰:"不仕无义。长幼之节不可废也;君臣之义,如之何其废之? 欲洁其身,而乱大伦。君子之仕也,行其义也。道之不行,已知之矣。"

【注释】

① 丈人:老者。

② 荷:肩负,挑。蓧(diào),古代除草的工具。

③ 芸:通"耘"。除草。

④ 黍:做黄米饭。

【译文】

　　子路跟随着孔子却落在了后边,遇见一位老人,用拐杖挑着锄草工具。子路问道:"您看见了我的老师吗?"

　　老人说:"四肢不劳动,五谷分不清,谁是你的老师呢?"说着便扶着拐杖去锄草了。子路拱着手恭恭敬敬地站在一旁。老人留子路到他家中过夜,杀鸡做饭给他吃。并且让两个儿子出来相见。

　　第二天,子路赶上了孔子,把这事告诉了他。孔子说:"这是位隐士啊!"叫子路返回去再见见他。子路到了老人家,老人已经走开了。

　　子路自言自语地说:"这人既不做官又不讲道义啊! 长幼之间的礼节是不能废弃的,君臣之间的名分又怎么能弃之不顾呢? 他只想使自身清白,却忽视了君臣之间根本的伦常关系。君子所以要出仕,正是为了尽君臣之义呀! 至于我们奉行之道行不通,早就知道了。"

逸民①:伯夷、叔齐、虞仲、夷逸、朱张、柳下惠、少连。子曰:"不降其志,不辱其身,伯夷、叔齐与!"谓"柳下惠、少连,降志辱身矣,言中伦,行中虑,其斯而已矣"。谓"虞仲、夷逸,隐居放言,身中清,废中权。我则异于是,无可无不可"。

【注释】

① 逸民:提到的一些人,生平、行事多不可考。

【译文】

隐逸的人有:伯夷、叔齐、虞仲、夷逸、朱张、柳下惠、少连等。孔子说:"不改变自己的志气,不辱没自己的身份,大概是伯夷、叔齐吧!"又说:"柳下惠、少连,虽然被迫降低自己的志气,屈辱了自己的身份,但是他们的言语合乎法度,行为也合乎理智,仅此而已。"又说:"虞仲、夷逸,避世隐居,说话无顾忌,洁身自好,被废弃也是他的权术。我和这些人不同,没有什么可以,也没有什么不可以。"

【原文】

大师挚适齐,亚饭干①适楚,三饭缭适蔡,四饭缺适秦,鼓方叔入于河,播鼗武入于汉,少师阳、击磬襄入于海。

【注释】

① 亚饭干:第二次吃饭时奏乐的乐师,名叫干。下面的"三饭"、"四饭"意同。古代天子、诸侯吃饭时要奏乐,每顿饭奏乐的乐师不同,故有"亚饭"、"三饭"等之称。

【译文】

太师挚去了齐国，第二次吃饭奏乐的乐师干去了楚国，第三次吃饭奏乐的乐师缭去了蔡国，第四次吃饭奏乐的乐师缺去了秦国，打鼓的乐师方叔到了黄河地区，摇晃鼓的乐师武到了汉水地区，少师阳和击磬的襄到了海滨。

【原文】

周公谓鲁公曰："君子不施①其亲，不使大臣怨乎不以。故旧无大故，则不弃也。无求备于一人。"

【注释】

① 施：同"弛"，怠慢。

【译文】

周公旦对儿子鲁公伯禽说："君子不怠慢自己的亲族，不让大臣抱怨自己没被重用。老臣旧友没有大过失，就不要抛弃他们。不要对一个人求全责备。"

【原文】

周有八士①：伯达、伯适、仲突、仲忽、叔夜、叔夏、季随、季騧。

【注释】

① 八士：下面提出的伯达等八人。此八人已不可考。旧说以为，周初有一妇人，连生四胎，每胎双生，故以伯、仲、叔、季排列，俊杰八人，谓其时人才之盛。郑玄以为在成王时，刘向、马融以为在宣王

时,清儒则以为在文、武时。推论而已。

【译文】

周朝出了八位俊杰:伯达、伯适、仲突、仲忽、叔夜、叔夏、季随、季骓。

【故事】

蔺相如宽容有胸襟

公元前283年至公元前279年属于战国末期,诸侯征伐,战乱纷起,社会动荡。可是"时势造英雄",在当时的诸侯国赵国,就有像廉颇、蔺相如这样的名将、贤士,他们合力多次让赵国化险为夷。

廉颇(公元前327—前243)是赵国一名杰出的将领。在赵惠文王十六年,即公元前283年,廉颇率兵攻打齐国,大败齐军,攻占了阳晋等地,凭借战功被封为上卿,他的勇猛善战在各诸侯国之中是很有名的。

蔺相如(公元前329—前259)刚开始时,只是赵国宦官头目缪贤的一个门客,当时的他与廉颇比起来,无论是身份还是名声,都显得很低微。

不过有一件事情改变了蔺相如的命运,这件事与一块美玉有关。在春秋时期的楚国,有个叫卞和的人发现了中国历史上著名的美玉"和氏璧",它历经曲折,终于被世人认可其价值,被奉为"无价之宝"。和氏璧面世后,成为楚国的国宝。由于时局动荡,赵惠文王的时候,赵国得到了和氏璧。

公元前283年,秦国听说赵国有和氏璧,提出拿十五座城相交换。因为赵国弱秦国强,所以赵国不敢怠慢;但是把无价之宝给秦国又不情愿,赵王左右为难。这时赵国宦官头目缪贤向赵王推荐了蔺相如。蔺相如不负众望，凭借着自己的机智勇敢战胜了秦王，最后秦国没有把城邑给赵国，赵国也始终没有把和氏璧给秦国。蔺相如一人之举便使赵王保全了和氏璧，赵王认为他是一个有才能的人，就任命他做上大夫。

后来，秦军攻打赵国，攻下了石城。第二年秦军再次攻赵，杀了赵国两万人。秦王派使臣告诉赵王，打算在西河外渑池商议和好的事情。实际上这不过是秦王玩的阴谋：名义上要和好，实际想要侮辱赵国，甚至劫持赵王。

赵国做了一些准备：廉颇着重从军事方面来应对，蔺相如则事先做了周密的部署。渑池会上，蔺相如和秦王之间展开了一场智力大比拼。最终秦王非但没达到侮辱赵王的目的，反而自取其辱。这次事件也凸显了蔺相如机敏的反应能力和将生死置之度外的勇气。渑池之会结束后，蔺相如回到赵国，由于居功至伟，被封为上卿，官职在廉颇之上。

看到蔺相如凭借着两次机会，官职就已经超过了自己，作为一个战功显赫的名将，廉颇心里是一百个不服气。他对周围人说："我廉颇是赵国的大将，有战败敌军、攻占城池的大功，而蔺相如只是凭借着自己的嘴皮子立下功劳，职位却在我之上。再说蔺相如本来是卑贱的人，我感到羞耻，不甘心自己的职位在他之下！"还扬言说："我如果遇见蔺相如，一定要好好地羞辱他一番。"蔺相如听说后，从此不肯和廉颇碰面，上朝时常推说有病，也不愿跟廉颇争位次。过了一段时间，蔺相如出门，远远地看见了廉颇，赶紧让手下人掉转车子避开他。

看到蔺相如这样让着廉颇，他的门客都感觉愤然，一起规谏说："我们离开亲人到这里侍奉您，不过是因为仰慕您的高尚品德。现在您的职位不在廉颇之下，廉将军口出恶言，您却害怕、躲避他，一般的人都感到羞耻，更何况是您这样的人呢？我们没有才能，请允许我们告辞离开吧！"

蔺相如坚决挽留他们，说："你们觉得廉将军与秦王相比哪个更厉害呢？"门客回答说："廉将军当然不如秦王厉害。"蔺相如说："以秦王那样的威势，我却敢在秦国的朝廷上呵斥他，羞辱他的群臣。相如虽然才能低下，难道偏偏害怕廉将军吗？但是我想到，强大的秦国之所以不敢轻易对赵国用兵，只是因为有我们两个人在啊！现在如果两虎相斗，势必不能共存。我之所以这样做，是以国家之急为先而以私仇为后啊！"听了蔺相如的话，门客也都恍然大悟。

廉颇听到蔺相如的这一番话，想到自己的所作所为，感到无地自容。他是一个坦诚的人，认识到自己错了，就脱去上衣，露出上身，背着荆条，由宾客引到蔺相如家门前请罪，说："我是个粗陋卑贱的人，想不到您能这样宽容我！"至此，蔺相如的宽容、无私和廉颇的勇于改过，不但使问题得到圆满解决，还使两个人成了生死与共的好朋友。

正是廉颇、蔺相如两人的和好，才使得赵国内部团结一致，尽心竭力地报效国家，使赵国国势一度强盛，成为东方诸侯阻挡秦国东进的有力屏障，秦国在此后的十年间都没有敢进攻赵国。

【评论】

战国末期强秦意图兼并六国，斗争加剧，冲突尖锐。蔺相如不但凭借着自己的智慧和勇气，使秦国的图谋屡屡受挫，更为难得的是，他胸怀广阔，颇有容人之量，为人处事不求全责备，能够以大局为重，做到"先国家而后私仇"。蔺相如的思想和品德可说是驰誉九州，光耀千古。司马迁在《史记》中展现了蔺相如光彩夺目的人生片段。

子张篇

子张曰:"士见危致①命,见得思义,祭思敬,丧思哀,其可已矣。"

【注释】

① 致:拿出,献出。

【译文】

子张说:"士人在危难关头能够献出性命,遇见利益考虑是否符合道义,祭祀时考虑是否恭敬虔诚,服丧时考虑是否悲哀伤痛,这也就可以了。"

【原文】

子张曰:"执德不弘①,信道不笃②,焉能为有? 焉能为亡③?"

【注释】

① 弘:弘扬,光大。

② 笃:坚定,执着。

③ 亡:通"无"。

【译文】

子张说:"实行仁德不能发扬光大,信仰道义不能坚定执着,(这样的人)有他怎么能算多? 没有他怎么能算少?"

【原文】

子夏之门人问交于子张。子张曰:"子夏云何?"

对曰:"子夏曰:'可者与之,其不可者拒之。'"

子张曰:"异乎吾所闻:君子尊贤而容众,嘉善而矜不能①。我之大贤与,于人何所不容? 我之不贤与,人将拒我,如之何其拒人也?"

【注释】

① 嘉善而矜不能:嘉,夸奖,赞美。矜,怜惜,同情。

【译文】

子夏的学生向子张请教怎么交朋友。子张说:"子夏(对此)说了些什么?"

学生回答说:"子夏说:'可以交的就与他交朋友,不可以交的就拒绝他。'"

子张说:"我所听到的不同:君子尊敬贤人,容纳一般人;赞美好人,同情能力不够的人。我若是一个大贤人,对于别人有什么不能容纳的呢? 我若是一个不贤明的人,人家将会拒绝和我交往,又怎么谈得上我去拒绝他人呢?"

【原文】

子夏曰:"虽小道①,必有可观者②焉;致远恐泥③,是以君子不为也。"

【注释】

① 小道:小技艺。

② 可观者:值得借鉴的地方,可取的地方。

③ 致远:达远,实现远大志向。泥:陷入,妨碍。

子夏说:"即使是小的技艺,也一定有值得借鉴的地方;但是它对实现远大的事业恐怕是有妨碍的,因此君子不从事这些小技艺。"

【原文】

子夏曰:"日知其所亡,月无忘其所能,可谓好学也已矣。"

【译文】

子夏说:"每天学到一些过去所不知道的东西,每月都不能忘记已经学会的东西,这就可以叫作好学了。"

【原文】

子夏曰:"博学而笃志,切问①而近思,仁在其中矣。"

【注释】

① 切问:问与切身有关的问题。

【译文】

子夏说:"博览群书广泛学习,坚守自己的志趣,就与切身有关的问题提出疑问并且去思考,仁就在其中了。"

【原文】

子夏曰:"百工居肆①以成其事;君子学以致其道。"

319

【注释】

① 百工居肆:百工,各行各业的工匠。肆,古代社会制作物品的作坊。

【译文】

子夏说:"各行各业的工匠住在作坊里来完成自己的工作;君子通过学习来掌握道。"

【原文】

子夏曰:"小人之过也必文①。"

【注释】

① 文:同"纹",文饰,掩饰。

【译文】

子夏说:"小人犯了过错一定会进行掩饰。"

【原文】

子夏曰:"君子有三变:望之俨然①,即②之也温,听其言也厉。"

【注释】

① 俨然:恭敬庄重的样子。

② 即:靠近。

【译文】

子夏说:"君子给人三种不同的形象。远望他,觉得他凛然庄重;靠近他又感到温和可亲;听他说话却又感到严厉可敬畏。"

【原文】

　　子夏曰:"君子信而后劳其民;未信,则以为厉①己也。信而后谏;未信,则以为谤己也。"

【注释】

① 厉:虐待,折磨。

【译文】

　　子夏说:"君子要先得到信任,而后再去使唤百姓;没有取得信任就去使唤他们,他们就会认为是在虐待他们。同理,要先取得君主的信任再去劝谏他;没有取得信任就去进谏,君主就会认为是在诽谤他。"

【原文】

　　子夏曰:"大德不逾闲①,小德出入可也。"

【注释】

① 逾:超越。闲:木栏,这里指界限。

【译文】

　　子夏说:"人在大节上不能超越道德界限,在小节上有或多或少的毛病是可以允许的。"

【原文】

　　子游曰："子夏之门人小子,当洒扫,应对进退,则可矣,抑^①末也。本之则无,如之何?"

　　子夏闻之,曰："噫!言游过矣!君子之道,孰先传焉?孰后倦^②焉?譬诸草木,区^③以别矣。君子之道,焉可诬^④也?有始有卒者,其惟圣人乎!"

【注释】

① 抑:但是,不过。

② 倦:诲人不倦。

③ 区:类。

④ 诬:欺骗。

【译文】

　　子游说:"子夏所教的学生们,做一些洒水扫地、迎送宾客和趋进走退一类的事情,那是可以的,不过这只是末节。根本性的大道却没有学到,这怎么行呢?"

　　子夏听了,说:"咳!子游的话错了!君子之道,哪一项需先传授,哪一项只能后教诲呢?学术就像种植草木一样,应当区别对待,因材施教,循序渐进嘛!君子之道怎么可以随意歪曲呢?至于本末兼顾,有始有终地教授学生,大概只有圣人才能做到啊!"

【原文】

　　子夏曰:"仕而优^①则学,学而优则仕。"

① 优：有余力。

【译文】

子夏说："做官还有余力的人，就可以去学习，学习有余力的人，就可以去做官。"

【原文】

子游曰："丧致①乎哀而止。"

【注释】

① 致：极致、竭尽。

【译文】

子游说："丧事做到尽哀也就可以了。"

【原文】

子游曰："吾友张也，为难能也，然而未仁。"

【译文】

子游说："我的朋友子张可以说是难得的了，然而还没有做到仁。"

【原文】

曾子曰："堂堂乎张也，难与并为仁矣。"

【译文】

曾子说:"子张外表堂堂,难以和他一起做到仁。"

【原文】

曾子曰:"吾闻诸夫子:人未有自致①者也,必也亲丧乎!"

【注释】

① 致:尽致,极致。指人的真情完全表露、发泄出来。

【译文】

曾子说:"我从老师那里听说过,人通常不会竭尽全力去充分表露感情,只有在操持父母丧事的时候,才会吧!"

【原文】

曾子曰:"吾闻诸夫子:孟庄子①之孝也,其他可能也,其不改父之臣与父之政,是难能也。"

【注释】

① 孟庄子:鲁国大夫孟孙速。

【译文】

曾子说:"我听老师说过,孟庄子的孝,其他方面别人也可以做到,但他不更换父亲的旧臣及其政治措施,这是别人难以做到的。"

【原文】

孟氏使阳肤为士师①,问于曾子。曾子曰:"上失其道,民散久矣。如得其情,则哀矜②而勿喜!"

① 孟氏：指孟孙氏，鲁国大夫。阳肤：相传是曾子的弟子。士师：司法官。

② 哀矜：哀怜，同情。

【译文】

孟孙氏任命阳肤做司法官。阳肤向曾子请教该怎样做。曾子说："现今在上位者不按正道行事，民心离散已经很久了。你（判案时）若弄清了民众犯罪的真情，就应该怜悯他们，而不要自以为明察而沾沾自喜。"

【原文】

子贡曰："纣①之不善，不如是之甚也。是以君子恶居下流②，天下之恶皆归焉。"

【注释】

① 纣：殷商的最后一位君主，名辛，纣是他的谥号，是历史上有名的暴君、昏君。

② 下流：即下游。这里指由于做了坏事处于众恶所归的地位。

【译文】

子贡说："殷纣王的无道，未必像传说的那么严重。所以君子最忌身有污行，（因为一沾上污行，）天下的一切坏事恶名都会归在他的头上。"

【原文】

子贡曰："君子之过也，如日月之食焉。过也，人皆见之；更也，人皆仰之。"

【译文】

子贡说:"君子的过错好比日食月食。他犯过错,人们都看得见;他改正过错,人们都仰望着他。"

【原文】

卫公孙朝①问于子贡曰:"仲尼焉②学?"子贡曰:"文武③之道,未坠于地④,在人。贤者识其大者,不贤者识其小者。莫不有文武之道焉。夫子焉不学?而亦何常⑤师之有?"

【注释】

① 公孙朝:卫国大夫。

② 仲尼:孔丘的字。焉:疑问语气词,在这里作副词,表处所,可译为从哪里。

③ 文武:即周文王、周武王。周朝的开国君主,儒家及历代的执政者都公认他们为圣人。

④ 坠于地:落到地上,这里指失传。

⑤ 常:固定的。

【译文】

卫国大夫公孙朝问子贡说:"仲尼的学问是从哪里学来的?"子贡说:"文王、武王之道并没有失传,仍存在人间。贤人能够抓住它的根本,不贤的人只能了解它的末节。无处没有文王、武王之道。我的老师什么地方不能学习呢?又何必要固定的老师呢?"

　　叔孙武叔①语大夫于朝曰:"子贡贤于仲尼。"

　　子服景伯②以告子贡。子贡曰:"譬之宫墙③,赐之墙也及肩,窥见室家之好。夫子之墙数仞④,不得其门而入,不见宗庙之美,百官⑤之富。得其门者或寡矣。夫子之云,不亦宜乎!"

【注释】

①　叔孙武叔:名州仇,鲁国大夫。

②　子服景伯:名何,鲁国大夫。

③　宫墙:这里指围墙。

④　夫子:这里是子贡尊称老师,下一个"夫子"是子贡尊称叔孙武叔。仞:古时八尺为一仞。

⑤　官:房舍。

【译文】

　　叔孙武叔在朝廷中对大夫们说:"子贡比仲尼更贤能。"

　　子服景伯把这话告诉了子贡。子贡说:"拿围墙做比喻吧! 我家的围墙只有肩膀那么高,人可以站在墙外看见房屋的美好。我老师的围墙有好几丈高,如果找不到大门进去,就看不见里面宗庙的富丽堂皇,房舍的绚丽多彩。能找到老师大门的人大概很少吧! 叔孙武叔先生那样说,不也是很自然的吗?"

【原文】

　　叔孙武叔毁仲尼。子贡曰:"无以为也! 仲尼不可毁也。他人之贤者,丘陵也,犹可逾也;仲尼,日月也,无得而逾焉。人虽欲自绝,其何伤于日月乎? 多①见其不知量也。"

【注释】

① 多：副词，仅，只。

【译文】

叔孙武叔毁谤仲尼。子贡说："不要这么做！仲尼是毁谤不了的。别人的贤能好比是个小丘陵，还可以翻越过去；仲尼的贤能，就像太阳和月亮，是无法超越的。虽然有人想自绝（于太阳和月亮），可是那对太阳和月亮有什么损伤呢？只能表现出这个人的不自量力罢了。"

【原文】

陈子禽①谓子贡曰："子为恭也，仲尼岂贤于子乎？"子贡曰："君子一言以为知，一言以为不知，言不可不慎也。夫子之不可及也，犹天之不可阶而升也。夫子之得邦家者，所谓立之斯立，道之斯行，绥②之斯来，动之斯和。其生也荣，其死也哀，如之何其可及也？"

【注释】

① 陈子禽：姓陈，名亢，字子禽。

② 绥：安抚。

【译文】

陈子禽对子贡说："你真是谦恭啊！仲尼怎么能比你更贤能呢？"子贡说："君子一句话可以表现出他的聪明才智，一句话也可以表现出他的愚蠢糊涂，所以说话不可不慎重啊。我的老师是没有人赶得上的，就像天是不能搭着梯子爬上去的一样。我的老师如果能治理一个国家，或者治理一个封邑，那会正如人们所说的，他要求老百姓人人以礼立足于社会，老百姓就会以礼立足于社会；他引导老百姓前进，老百姓就会跟着他走；他安抚老百姓，老百姓就会从四面八方投奔而来；他要发动老百姓，老百姓就会同心协力。他在世时誉满天下，去世时令天下哀痛，谁又能够赶得上他呢？"

【故事】

周处改过自新

周处生活在三国时期的吴国和西晋初期，是鄱阳太守周鲂的儿子。因为父亲死得早，周处从小就缺少管教。他的力气很大，性情暴躁，常常动不动就和别人争斗，做什么事情都是由着自己的性子，不但不讲理而且不顾后果。

周处的为所欲为让村子里的人很讨厌他。当地有一条叫义兴的河，里面有一条蛟龙，附近的山上有一只猛虎，周处和蛟龙、猛虎一起侵害百姓，当地的人称他们是"三害"。这"三害"当中，又数周处最严重。一提起周处，人们气愤又无奈：气愤的是他的所作所为，无奈的是拿他没有办法。

一天，周处闲逛时看到几个老人围坐在一起愁眉不展，一边叹气一边议论着什么。他好奇地走上前问道："现在天下太平了，又获得了丰收，你们还有什么不高兴的呢？"

很多老人一看到周处来，赶紧闭嘴，只有一个胆子稍微大一些的老人说："三害不除，怎么能够快乐得起来呢？"

周处忙问："什么三害？说给我听听。"老人告诉他，南山上的猛虎是一害，义兴河里的蛟龙是二害，到了说第三害的时候，老人却闭口不语了。周处是个急性子的人，非要让老人说不行，老人就说："这第三害是一个欺压乡邻的恶人，他弄得大家不得安生啊！"

周处根本没想到第三害就是自己,看大家都盯着他,以为是希望他去除掉三害,就拍着胸脯大声地说:"这三害又算得了什么?看我去除掉它们!"

于是大家都说:"除掉这三害可是一件大好事,你回来后,我们一定好好感谢你。"

周处独自一人爬上了南山,用弓箭射死了张牙舞爪的猛虎。之后,他又来到长桥,纵身跳进义兴河去擒拿蛟龙。那蛟龙生性凶猛,周处和它在水中展开了激烈的搏斗。蛟龙顺着水流向下游了几十里,周处也紧紧追赶,三天三夜都没有上岸。村里的人看到周处几天没回来,以为他和蛟龙都已经死了,于是为三害已除而高兴地庆祝起来。

没想到周处最终还是凭借着自己的智慧、力量杀死了蛟龙。他回到村里,见大家正在庆祝三害已除时,才明白自己就是三害之一,而且还是最严重的一害。他非常难过,心里想:一个人被看作和吃人的老虎、害人的蛟龙一样,活着还有什么意思呢?他决定改过自新,重新做人。

于是,周处去拜访当时的名士陆机、陆云两兄弟。陆机不在,正好看见了陆云,他把自己的经历一五一十地告诉了陆云,表达了想改过自新的想法。周处当时年岁也不小了,对自己并没有信心,恐怕将来一无所成。陆云就勉励周处说:"古人很珍视道义,'早晨听到圣人的道理,就是晚上死了也值得了'。只要有志向,能够锲而不舍地努力,将来一定会有出息的。"

于是周处就努力学习。没过多久,他就做到文章有思想、言谈讲忠信、凡事守分寸了。这时的周处与以前相比判若两人。一年之后,周处接到很多州府所下发的聘书。公元277年至280年间,周处在吴国担任东观令、无难督,成为吴国的一名忠臣。

西晋于公元 280 年灭掉了吴国。周处这时候当了柳州新平的太守，因为处理边疆的民族问题处理得很好，使一些外族能够归附西晋，所以留下了美名。周处后来又转任梁州广汉太守，在任期间公正地处理各类案件，解决了当地累积下来的陈年旧案。

后来他因母亲年迈辞官返回故里。可是过了不久，又被征召为楚内史；还没有到任，又被征召到京城担任散骑常侍。周处认为应当"辞大不辞小"，于是先到楚赴任，在当地安抚百姓，提倡正教风化，做出了一番业绩，这才入朝为官。周处的行为被当时的人们所称道。

周处在朝廷中以正直闻名，在他任御史中丞时，纠劾对象不避权贵。西晋宗室成员梁王司马肜的一些违法行为也遭到纠举，因此他便记恨着周处。

西晋西北边境有一个少数民族叫氐族，在公元 296 年起兵反叛，首领齐万年称帝。该年 11 月，晋王朝任命司马肜为征西大将军，督管军事行动。周处当时是建威将军，归安西将军夏侯骏管。周处是吴国的降臣，因为武勇而闻名，但是也因为正直得罪了不少的人，于是他就被推上了最前线。

周处心里非常清楚自己上前线一定会身处险境，很可能被仇恨自己的司马肜所陷害。但是作为一名臣子，他知道要为朝廷尽心尽力，便没有推辞，而是抱着必死的决心参与西征。

朝廷中的中书令陈准同情周处的处境，为他说情，还警告说夏侯骏、司马肜都是皇亲国戚，并不会打仗，如果让他们为主帅、周处为先锋，一定会失败，结果朝廷不听。氐族首领齐万年也认为如果周处做主帅他们会无法抵挡，如果周处受到别人的制约一定会被擒获。

公元 297 年正月，齐万年在梁山屯兵七万，司马肜、夏侯骏不顾形势安危,逼周处仅仅带领五千士兵发动攻击。周处抗议说:"我方军队没有后援,贸然进攻必然失败,这样做不只会造成死伤,还会让国家蒙受羞耻。"司马肜哪里听得进去?不停地逼迫周处前进,目的是与齐万年的军队展开激烈的战斗。

当时士兵连饭都没吃就被推上战场,而且没有后援。周处知道这样必败无疑,但还是奋勇杀死数以万计的敌人,最后弹尽粮绝。旁人劝周处赶紧撤退,他却按着剑坚定地说:"现在正是我效忠死节、以身殉国的时候!"周处奋力战斗直到牺牲,死后被朝廷追授"平西将军"的头衔。

周处用自己的抉择实践了人生的信念。他的一生可以分成两个阶段:改过前无所事事,惹人讨厌;改过后为朝廷尽心尽力,令人敬佩。他决心改过时已经快四十岁了。即使到了这样的年龄,能发觉到错误并勇于改正也不算晚。二十四史之一的《晋书》中有专门为周处写的列传。

【评论】

在《子张》篇中,子贡说过:"君子之过也,如日月之食焉。过也,人皆见之;更也,人皆仰之。"《左传》中也有类似的话:"人非圣贤,孰能无过?过而能改,善莫大焉。"周处幡然悔悟,听取贤人的规劝,弃恶从善,上演了一幕"浪子回头金不换"的故事。他的经历告诉我们:人是可以转变的,只要痛下决心,对自我有信心,做事有毅力,浪子也是可以回头的,并且能够做出一番成绩。

尧曰篇

【原文】

尧曰:"咨①!尔舜!天之历数在尔躬②,允执其中③。四海困穷,天禄永终。"舜亦以命禹。

曰:"予小子履④,敢用玄牡⑤,敢昭告于皇皇后帝⑥:有罪不敢赦。帝臣不蔽,简⑦在帝心。朕躬有罪,无以万方;万方有罪,罪在朕躬。"

周有大赉⑧,善人是富。"虽有周亲⑨,不如仁人。百姓有过,在予一人。"

谨权量⑩,审法度,修废官,四方之政行焉。兴灭国,继绝世⑪,举逸民⑫,天下之民归心焉。

所重:民、食、丧、祭。宽则得众,信则民任焉。敏则有功,公则说。

【注释】

① 咨:即"啧",感叹词,表示赞美。

② 天之历数:上天安排的帝王相承的次序。古人认为,能做帝王是由天命决定的。在尔躬:在你身上。躬,自身。

③ 允执其中:允,真诚,诚实。执,坚持。厥,指示代名词"那"。中,中庸之道。

④ 予小子:是上古帝王自称之词,意思是自己是天帝的儿子。履:是商汤的名字。

⑤ 玄牡:黑色的公牛。

⑥ 皇皇后帝:皇皇,光明伟大。后帝,"后"和"帝"是同义词连用,都是帝王的意思。

⑦ 简:阅。这里是明白、知晓的意思。

⑧ 赉(lài)：赏赐，赠予。

⑨ 周亲：至亲。

⑩ 权量：权是量度重量的器具，量是量度容量的器具，概指度量衡。

⑪ 绝世：绝禄的世家，亦即卿大夫子弟失去世禄的人家。古时卿大夫的封邑采地，由子孙世世享用，有罪或灭国都会绝禄。

⑫ 举逸民：推举超逸绝伦的人。

【译文】

尧（让位给舜时）说："啊！你这舜呀！上天的运数落在你身上了。你要真诚地奉行中和之道啊！如果天下的人都陷入贫困境地，那上天赐给你的禄位就永远完结了。"

舜（让位给禹的时候）也这样告诫禹。

商汤说："我冒昧地用黑色的公牛来祭祀，明白地向光明伟大的天帝祷告：有罪的人我绝不敢擅自赦免，您的臣仆的善恶，我不敢隐瞒，您的心里是明白的。我本人如果有罪，不要因此牵连百姓；百姓如果有罪，应该归我一人承担责任。"

周朝大加赏赐，分封诸侯，使为善的人都富贵了起来。（周武王说：）"即使是同姓至亲，也不如有仁德的人。百姓如果有过错，都归在我一人身上。"

（孔子认为：）谨慎地规范度量衡，审订法度，恢复被废弃了的官职，政令就可以通行四方了。复兴已灭亡的国家，接续已经断绝的家族，提拔被遗落的人才，天下的民众就会内心归服。

执政者所应重视的是民生、粮食、丧葬、祭祀之礼。执政者宽厚就可以得到人民的拥护，诚恳守信用就会得到人民的信任，勤敏就会取得成功，公平人民就会心悦诚服。

【原文】

　　子张问于孔子曰:"何如斯①可以从政矣?"

　　子曰:"尊五美,屏②四恶,斯可以从政矣。"

　　子张曰:"何谓五美?"

　　子曰:"君子惠而不费,劳而不怨,欲而不贪,泰③而不骄,威而不猛。"

　　子张曰:"何谓惠而不费?"

　　子曰:"因④民之所利而利之,斯不亦惠而不费乎? 择可劳而劳之,又谁怨? 欲仁而得仁,又焉贪? 君子无⑤众寡,无小大,无敢慢,斯不亦泰而不骄乎? 君子正其衣冠,尊其瞻视,俨然人望而畏之,斯不亦威而不猛乎?"

　　子张曰:"何谓四恶?"

　　子曰:"不教而杀谓之虐;不戒视成⑥谓之暴;慢令致期谓之贼;犹之与人也⑦,出纳之吝谓之有司⑧。"

【注释】

① 斯:就,才。

② 屏:同"摒",摒弃、排除。

③ 泰:庄重矜持。

④ 因,就着,借着。

⑤ 无:无论,不管。

⑥ 不戒视成:不事先告诫,而突然检查看他做成功没有。

⑦ 犹之与人也:犹之,同样,一样。与,给予。

⑧ 出纳之吝谓之有司:出纳,出和纳(入)是两个意义相反的语词,这里在一起使用,只有"出"的意义,没有"纳"的意义。有司,管理

财务的小官。

【译文】

子张向孔子请教说:"怎么样才能弄好政务管理?"

孔子说:"尊崇五种美德,摒弃四种恶政,就可以弄好政务管理。"

子张问:"五种美德是些什么?"孔子说:"在上位的君子,能给百姓恩惠,而自己却不耗费什么;役使民众,而民众却没有怨言;追求仁德,却不贪图财物;庄重矜持却不傲慢;态度威严却不凶猛。"

子张问:"什么叫给百姓恩惠,而自己却不耗费呢?"孔子说:"依百姓所希望获得利益的事,引导他们去做,这不就是给百姓恩惠,而自己却不耗费吗?选择百姓能做的事,让他们去做,他们还会怨谁呢?自己追求仁德而得到仁,还贪求什么呢?君子不管人是多是少,势力是大是小,都不敢怠慢,这不就是庄重矜持而不傲慢吗?君子衣冠整齐,目光端正、尊严,使人看见便产生敬畏,这不就是态度威严却不凶猛吗?"

子张又问:"四种恶政指什么呢?"孔子说:"不事先教化便加杀戮,叫作虐;不事先告知情况,而突然要求成功,叫作残暴;命令下达很晚,却要求限期完成,叫作贼害;终究是要给人的,但在拿出手时却又很吝啬,这就是小库吏的作风。"

【原文】

孔子曰:"不知命,无以为君子也①;不知礼,无以立也;不知言②,无以知人也。"

【注释】

① 无以为君子也:没有用来做君子的条件,即不能做君子。无

以，"无所以"的省略。为：做。后面两个"无以"结构类此。

②知言：指善于分析别人的言语，辨别它的是非善恶。

【译文】

孔子说："不懂得天命不可违，就不能称为君子；不懂得礼仪法度，就不能立足于社会；不善于了解人家的言论举止，就不能了解这个人。"

【故事】

曹操求贤治天下

曹操，字孟德，沛国谯县（今安徽亳州）人，中国东汉末年著名的军事家、政治家和诗人，三国时代魏国的奠基人和主要缔造者。《三国演义》中曹操的形象受到作者个人倾向的影响，并且被冠以"奸雄"的称号，这在一定程度上影响了国人对曹操这个历史人物的看法。三国时的曹操雄才伟略，胸怀博大，是个很有作为的英雄。曹操的与众不同之处突出表现在他的用人思想上，他唯才是举、知人善任的用人之道，千百年来一直被人们称道。

曹操是一个很有政治抱负的人，在起兵创业之初，他就有这样的观点："吾任天下之智力，以道御之，无所不可。"意思是广纳天下的谋臣和武将，以正义之道驾驭他们，应该会无往不胜。由此可以看出，创业初期的曹操对人才的重要性就已经有了很深刻的认识。

荀彧少年成名，南阳名士何颙认为他前途无量。当时天下大乱，为避战乱，荀彧将宗族迁至冀州。到达后，发现冀州已被袁绍占领。袁绍以上宾之礼对待荀彧，但荀彧认为袁绍不能成就大事，在公元191年离开袁绍投奔曹操。曹操一见到荀彧大喜，说："吾之子房也。"将其比作张良，并任命他为司马。

公元196年，在荀彧等谋士的建议下，曹操至洛阳迎汉献帝，迁都于许昌，开始"挟天子以令诸侯"。皇帝虽然有名无实，但毕竟是国家最高权力的象征，谁掌握了他，便能够以皇帝之名向其他地方割据势力发号施令。这无疑是曹操在政治上所取得的巨大成功，也为曹操带来了很大的回报。

汉献帝任命他为大将军、武平侯，实际上得到了高于所有大臣的地位。曹操正因为采纳了荀彧的意见，才一举成为东汉末年最大的势力集团，为以后所有的战争打下了坚实的基础。曹操任荀彧为侍中，守尚书令，让荀彧举荐贤才。荀彧推荐他的侄子荀攸和颍川名士郭嘉，其后又举荐钟繇、杜袭、陈群、杜畿、司马懿等，这些人均为当时之名士，都为曹操集团立下了赫赫功勋。此时曹操威势大增，先后击败吕布、袁术。

公元199年，官渡之战前夕，在袁绍实力强于曹操的情况下，张绣听从谋士贾诩的意见，率众投降曹操。张绣原是曹操的死敌，曾经把曹军打得大败，曹操在那次战斗时中箭受伤，他的长子曹昂和爱将典韦均死于此役。曹操表现出不计前嫌的王者气度，拜张绣为扬武将军。

此时，其他势力中刘表中立，孙策固守江东。曹操与袁绍形成沿黄河下游南北对峙的局面。袁绍的兵力、财力、物力都远远胜过曹操，自然不甘于曹操之下，他决心和曹操一决胜负。曹操想与他争锋，却又担心自己实力不够。谋士郭嘉、荀彧分析道："今绍有十败，公有十胜。"用现在的观点来看，郭嘉所指出的这十点，包括了政治策略、法令制度、组织路线及思想修养、心胸气量、性格、文治武功等多个方面，这都是成败的关键。荀彧指出："曹操知人善任，择人任势，所用之人往往依据其特色，发挥其长处；袁绍用人，表面上看很宽容、信任，但实际内心还是很提防别人的，用人往往也是凭着自己的喜好。"这些分析,大大增强了曹操战胜袁绍的信心。

公元 200 年,袁绍率兵南下。在此之前,曹操为避免腹背受敌,已先击败与袁绍联合的刘备,并进驻官渡。曹操采用谋士荀攸声东击西之计,于白马击斩大将颜良,后于乱军中诛杀大将文丑,大败袁军。而后两军对垒于官渡,相持数月。

曹操见士兵疲惫,粮草不足,写信给荀彧,欲退守许都。荀彧回信说:"曹军以弱战强,如退兵必为所乘。相持不下必将有变,不如等待时机,出奇制胜。"曹操采纳其建议。不久,由于袁军内部不和,谋士许攸离开袁绍,转而投奔曹操。曹操听闻,大喜,来不及穿上鞋子便赤脚出去相迎。

许攸被曹操感动,献计偷袭乌巢,断其粮草。曹操遂亲自率军,突袭乌巢袁军,并将其粮草全部烧毁,斩袁将淳于琼。又趁势全线出击,歼敌七万余,大将张郃、高览等人率部投降曹操。袁绍弃军逃回黄河以北,从此一败涂地。曹操最终取得这场战略决战的胜利,奠定了统一中国北方的基础。

官渡之战是中国古代战争史上以少胜多的有名战例。曹操以其卓越的才略和勇气,写下了他军事生涯最灿烂的一笔。公元 202 年,袁绍忧郁而死;公元 207 年,曹操又征服乌桓。至此,战乱多时的北方实现了统一。

袁绍在人力、物力都占有绝对优势的情况下,却打输了胜算很大的战役,有其在用人、自己性格等方面的诸多原因;曹操能够取得最后胜利,与其懂得运用人才、积极接纳人才并采纳他们的计策的用人之道是分不开的。

曹操任用大量出身贫寒而有才华的人,把他们放在重要的岗位上。他手下首席谋士荀彧投靠曹操时只是个县令,曹操却把他提升为司马。建都许昌后,曹操自己出征时,就把中央大权都交给荀彧。曹操身边的其他文武大员,如荀攸、郭嘉、满宠、张辽、仓慈、徐晃、庞惠(德)、张既,都是出身寒门或仅为一般官吏,都是因为立功而受到提拔。

曹操也选择一些有才华的文人授予官职,以发挥才能。陈琳原本是袁绍的部下,曾经替袁绍起草檄文,将曹操骂了个体无完肤。袁绍战败后,被曹军俘获。曹操问他说:"你从前为袁绍写檄文,骂我一个人就可以了,为什么要骂到我的祖宗三代?"陈琳连忙谢罪。曹操不念旧恶,予以信任,任命为军师祭酒,让他起草重要的文书。

曹操并不排斥豪强出身的人,如果他们能为国出力,也能得到重用。他手下有好多大将,如许褚、李典等,都是豪强出身。许褚投靠曹操后,把自己的门客都献给曹操做卫士,成了有名的"虎士";李典投靠曹操后,放弃了在老家的势力,把家族都迁到许都来。他们在战争中都立下了赫赫战功,曹操也封给了他们很重要的官职。

公元208年,孙权、刘备联军在赤壁大败曹操,这次战争是三国形成过程中的重大战役,此后三国鼎立的局面便逐渐形成了。赤壁之战后,曹操退回北方。曹操清楚地意识到:若要一统天下,必须在政治、军事、经济等方面做好充分的准备,这不是短时间内能做到的。为了巩固自己的势力,曹操十分重视严明刑赏,举贤任能。

汉时期选拔官吏,被选用的人既要有仁、义、孝、悌等封建道德方面的品格,也要有高贵的家世出身。曹操为了选拔更多的人才,让更多的人为自己效力,便打破依据封建德行和门第高低任用官吏的标准,提出了"唯才是举"的用人方针。

他于公元210年春天下了一道《求贤令》,大意是"古时开国和中兴的君主,都会得到贤臣相助。这些贤臣需要认真访求,而现在是最需要他们的时候。古时孟公绰是廉士,他可以做大国赵、魏两家的家臣,却不能胜任像滕、薛小国的大夫。如果一定要用廉士,那么齐桓公又怎能称霸!现在难道没有穿粗布衣服而有真才学、像姜子牙在渭水钓鱼那样的人吗？难道没有像陈平那样蒙受污名而没有遇到魏无知举荐的人吗？你们要帮助我发现和举荐那些因地位低下而被埋没的人才，只要有才能就能得到任用。"

其后，曹操于公元214年和217年又下了两道《求贤令》，反复强调他在用人上"唯才是举"的方针。他在这两道令中，又举了诸如陈平、伊尹、傅说、管仲、萧何、曹参、韩信、吴起的例子。他们的名声都不是很好，但他们都做出了非比寻常的事业。因此，在民间也有像他们那样有才学的人，即使是有污点，也要将他们推举出来，不要有所遗漏。

公元210年至公元217年，曹操连续发布了三道《求贤令》，充分反映出曹操急迫的心情和用意，以及为统一大业求贤若渴的心态，同时表现出了他对人才的重视与爱惜。曹操所强调的"唯才是举"，并不是只要"才"而不要德，而是要突破以往的道德规范规定的用人标准和观念，展现出其超人的魄力与胆识。

公元220年，曹操病逝在洛阳，终年六十六岁。这年十月，魏王曹丕取代汉朝，自立为皇帝，国号魏。追尊曹操为武皇帝，庙号太祖。

曹操胸襟博大，求贤若渴，他在诗歌《短歌行》中写道："山不厌高，海不厌深，周公吐哺，天下归心"。历史上的曹操是"唯才是举"的典范，他用人不念旧恶、不拘一格、知人善任、各尽其才，最终实现了自己的霸业。

【评论】

曹操一生戎马天下，创立魏国，为我们演绎了一个英雄的传奇故事。曹操的成功，与他的知人善任是分不开的，亦为后世留下了宝贵的思想财富。曹操的用人之道在今天的人际交往中依然给我们很深的启示和指导。